L'EXPRESS

# 100 conseils de pros

**À paraître :**

- 100 conseils de pros pour recruter quand on n'est pas DRH
- 100 conseils de pros pour réussir les tests de sélection

# Gérer et résoudre les conflits

JEAN-MARC ENGELHARD
CÉLINE LACOURCELLE

L'EXPRESS

# Sommaire

●●●

## Sommaire

*Jean-Marc Engelhard et Cécile Lacourcelle*

# Humain, trop humain !

Les conflits sont inévitables, et parfois même bénéfiques. Il n'empêche, ils ne sont pas toujours faciles à vivre. Et pour cause ! On prononce des mots que l'on regrette, on laisse remonter à la surface les aspects les moins reluisants de sa personnalité, on est déstabilisé par des attaques qui peuvent faire très mal, on traîne pendant des mois une rancune tenace... On en sort, par ailleurs, rarement indemne. D'où la nécessité de les limiter. Comment ? D'abord, en prenant conscience des tensions et en tentant de régler les désaccords avant qu'ils ne dégénèrent. Et, ensuite, en veillant, au quotidien, à respecter les règles élémentaires de savoir-vivre, valables au bureau comme dans sa vie privée.

Mais, si le conflit éclate, il faut bien sûr prendre le taureau par les cornes, défendre son point de vue tout en essayant de limiter les dégâts... C'est en tout cas l'avis de nos experts qui, tout au long de ce guide, vous dispenseront des conseils vous aidant à analyser les situations génératrices de conflits et à y faire face... pour mieux les éviter ou les résoudre !

# 12 règles d'or

**1** Repérez les différentes sources de conflit possibles. (*Voir « Quelles sont les principales origines des oppositions ? »*) ***page 16***

**2** Détectez les attitudes managériales à risque. (*Voir « Quels styles de management favorisent l'émergence de conflits ? »*) ***page 23***

**3** Ne sous-estimez pas l'influence du psychologique. (*Voir « La psychologie des individus influe-t-elle sur la propension à créer des conflits ? »*) ***page 28***

**4** Ayez des règles de conduite explicites contre les comportements excessifs. (*Voir « Pourquoi faut-il imposer des règles du jeu ? »*) ***page 44***

**5** Prévenez les incompréhensions et les malentendus. (*Voir « En quoi la communication est-elle une donnée clé de la prévention des conflits ? »*) ***page 50***

**6** Saisissez chaque jour toutes les occasions pour échanger. (*Voir « Comment la communication se décline-t-elle au quotidien ? »*) ***page 53***

**7** Déléguez, donnez du sens, faites confiance… Appliquez les basiques du management. (*Voir « Pourquoi un manager se doit de donner du sens à ses collaborateurs ? »*) ***page 58***

**8** Méfiez-vous des mots que vous employez. (*Voir « Y a-t-il des astuces de langage ? »*) ***page 79***

**9** Prenez le temps de faire un bon état des lieux de la crise. (*Voir « Pourquoi prendre la pleine mesure d'un conflit sans tarder ? »*) ***page 84***

**10** Évitez de rester campé sur vos positions lors du face-à-face. (*Voir « Pourquoi ne faut-il pas aborder le face-à-face avec trop d'intransigeance ? »*) ***page 99***

**11** Donnez-vous toutes les chances de résoudre le conflit. (*Voir « Comment poser les bases de la résolution d'un conflit dès le premier échange ? »*) ***page 102***

**12** N'hésitez pas à faire appel à un tiers en cas de blocage. (*Voir « Dans quelles situations doit-on envisager une médiation ? »*) ***page 111***

Partie 1

# Détecter les conflits

Les tensions, les désaccords et les conflits... Autant de sentiments et de comportements humains, qui ne recouvrent pas seulement des aspects négatifs. Pour peu qu'ils ne se multiplient pas et ne constituent pas un mode de fonctionnement.

Dans le monde du travail, les pressions se font chaque jour plus fortes, en lien notamment avec la conjoncture économique incertaine, des exigences de productivité toujours plus contraignantes ou un fonctionnement à flux tendus. Elles nous obligent à avancer le nez dans le guidon. Plus le temps de s'arrêter pour se parler et s'écouter. D'où des incompréhensions et des frustrations, sources potentielles de conflits.

Comprendre ce qui peut déclencher les conflits dans le fonctionnement de son entreprise comme dans le comportement de ses interlocuteurs, c'est se donner la possibilité d'en limiter les effets dévastateurs en trouvant la parade la plus adaptée.

***MORCEAUX CHOISIS***

- « L'harmonie au sein des entreprises n'est pas naturelle. »
- « Certaines colères sont légitimes quand elles sont circonscrites à la sphère professionnelle. »
- « Au travers d'un conflit, les gens s'expriment. »
- « Les individus ont des difficultés à considérer l'autre comme leur *alter ego*. »
- « De l'amertume au conflit, les frontières sont minces. »

# Le conflit : un fait humain

## Les conflits sont-ils inévitables ?

**Jamais un mot plus haut que l'autre, jamais d'éclats de voix, jamais de désaccords... Ce serait le paradis ! Mais dans la « vraie vie », c'est une autre paire de manches.**

### Des objectifs antagonistes

- ***Pour Jean-Louis Muller,* directeur à la Cegos,** l'harmonie au sein des entreprises n'est pas naturelle : « Les entreprises modernes sont organisées autour de l'interdépendance des individus et des structures. Leur cohérence globale apparente est le résultat d'incohérences internes : chaque entité, pour remplir sa mission au service de l'ensemble, développe une stratégie qui lui est propre, et poursuit des objectifs partiels. Les contradictions entre les différentes fonctions sont donc inévitables. Par exemple, la direction financière souhaite limiter le gaspillage et contrôler les dépenses alors qu'au service production, on estime manquer de moyens. De leur côté, les responsables commerciaux se heurtent à la production qu'ils accusent de manquer de souplesse face aux demandes diversifiées des clients. Quant à la direction des ressources humaines, pour maintenir un bon climat dans l'entreprise, elle décide d'accorder des avantages supplémentaires aux salariés. Ce qui indispose la direction financière qui souhaitait justement entrer dans une phase de limitation des dépenses... C'est un cercle sans fin... et pourtant vertueux ! »

### Un fait inévitable

- ***Jean-Marc Chaintron,* gérant associé du cabinet RHE (Ressources Humaines Environnement) confirme,** pour sa part, que le conflit est inévitable « car il y a toujours des peurs, des changements... Il faut les considérer comme quelque chose de normal ».

### Une situation courante

- ***Un avis partagé par Pascal Bouëte,* dirigeant fondateur d'Estives, société spécialisée dans le marketing opérationnel :** « Le conflit, c'est quelque chose de courant dans le monde de l'entreprise, il y a toujours quantité de raisons de ne pas être d'accord, de s'opposer à ses collaborateurs, ses clients, ses fournisseurs... Et pourtant, curieusement, ce sujet dérange ! »

### Le résultat d'une compétition

- ***De son côté, Liliane Heintz,* coach indépendante,** n'est pas dupe. Elle pointe ainsi du doigt une autre réalité, « celle des entreprises qui ont parfois intérêt à ce que leurs collaborateurs concourent entre eux. Il leur arrive donc de favoriser la compétition, à l'issue de laquelle elles ne garderont que les vainqueurs. »

## Pourquoi faudrait-il toujours éviter les conflits ?

**Si le sujet est tabou, il n'en reste pas moins que la confrontation présente des aspects positifs.**

### Faire baisser la tension

- **Pour le dirigeant de RHE,** les conflits ont effectivement leur utilité. « Les coups de gueule qui consistent à dire "ça suffit, vous m'ennuyez", "je refuse", "je ne suis pas d'accord" se révèlent parfois nécessaires dans des situations tendues car, au final, ils font baisser la pression, un peu à la manière d'une crise de larmes. »

**Des salariés bien énervés !**

**La vie au bureau est loin d'être un long fleuve tranquille. En effet, s'il faut en croire le sondage réalisé par le site d'emploi Monster en novembre 2004, seuls 14 % des salariés européens affirment que, dans leur travail, rien ne les énerve. Une heureuse minorité sans doute touchée par la grâce, car pour les autres, les motifs de mécontentement ne manquent pas. En tête du hit-parade : la paperasserie et les procédures de tous ordres à respecter (pour 27 % des sondés) suivis de près par leurs collègues (pour 23 % d'entre eux).**

## Des colères légitimes

- ***De son côté, Jean-Pierre Veyrat,*** dirigeant de Negorisk, cabinet spécialisé dans la négociation conflictuelle et le management de crise, distingue deux cas de figure. « Un coup de gueule lié à un accès de mauvaise humeur est inacceptable, donc à proscrire. Autrement dit, on ne passe pas ses nerfs sur le premier qui nous tombe sous la main parce qu'on est de mauvais poil en raison d'une panne de voiture ou d'une dispute avec son conjoint. À l'inverse, certaines colères sont légitimes quand elles sont circonscrites à la sphère professionnelle. En clair, il est normal d'exprimer son mécontentement quand un travail n'a pas été fait, quand il a été mal fait. On a le droit de dire : "Nous ne pouvons pas continuer comme cela." »

## Une mise au point

- ***Pascal Bouëte complète à son tour :*** « Il ne s'agit pas d'aller au clash pour aller au clash. Pour autant, provoquer une explication, même si l'exercice n'est jamais agréable, permet d'ouvrir la voie vers la résolution d'un désaccord qui, bien que n'étant pas exprimé, est néanmoins source de tensions. Le face-à-face peut, ainsi, être vu comme une mise au point pour repartir sur de bonnes bases. »

### *Des conflits collectifs en baisse*

Le bilan de la négociation collective en 2003, dressé par le ministère du Travail, de l'Emploi et de la Cohésion sociale, a confirmé la baisse des conflits sociaux déjà enregistrée en 2002, dans le secteur privé. Ainsi, le ministère recense 545 conflits sociaux en 2003, contre 616 l'année précédente. À en croire les experts, la remontée du chômage et la dégradation du marché du travail expliquent, en partie, cette baisse des conflits ouverts. Dans le détail, la fréquence des conflits dans les entreprises de 200 à 499 salariés a connu une hausse notable, passant de 17 % à 23 % ; 12 % ont lieu dans les entreprises de plus de 500 salariés, 37 % dans celle de 50 à 199 et 28 % dans celle de moins de 50 salariés. Le taux de participation des salariés aux conflits reste, pour sa part, stable avec 31 % ; tout comme les thèmes les plus mobilisateurs. Au sommaire : les salaires qui constituent toujours le premier motif de conflit (37 %), suivis de l'emploi (28 %) et des conditions de travail (19 %).

Le bilan 2003 fait, par ailleurs, état de l'importance croissante de nouvelles formes de conflits. À savoir : la protestation silencieuse (l'absentéisme, la démotivation et le refus d'heures supplémentaires), les manifestations et le recours accru à l'action judiciaire. Ainsi, selon le bilan, ce n'est pas parce que les conflits sous leur forme classique paraissent en recul sensible que les relations sociales se sont apaisées.

## Qu'est-ce que le conflit apporte de positif ?

**Aussi inattendu que cela puisse paraître, le conflit a parfois des effets bénéfiques.**

### Le conflit bouscule les habitudes

- ***Lionel Bellenger***, directeur général délégué de CentorIdep, observe une dimension créative dans le conflit. « Un changement introduit par la force peut faire éclater le système et en faire émerger un nouveau. À plus petite échelle, un acte conflictuel peut venir bousculer les habitudes et apporter des améliorations dans la manière de travailler. »

### Un processus de confrontation créatif

- ***Jacques Eliard,* associé de i-Lead Systems, cabinet spécialisé en coaching de leadership et développement des potentiels,** remarque de son côté : « Il ne faut pas se focaliser sur le fait qu'il y a un désaccord. Au travers d'un conflit, les gens s'expriment. Ce processus de confrontation s'avère parfois constructif et créatif. »

### Le signe d'une relation entre les gens

- ***Jean-François Six,* directeur de l'Institut de formation à la médiation,** remarque, de son côté, qu'on ne voit généralement que l'aspect négatif d'un conflit « au point que, très souvent, le premier objectif est de l'étouffer. Or, un conflit, en soi, n'est ni bien ni mal. Au moins peut-on se dire qu'il y a une relation entre les gens. Ce qui est toujours préférable à l'indifférence ou à la passivité ».

## Quel risque court-on à ne jamais rien dire ?

**On a tendance à se taire pour éviter le clash. Un choix discutable.**

### Tomber dans le refoulement

- « Dans un univers sans expression donc sans débat, les individus sombrent dans le refoulement et bientôt dans la frustration », ***déplore Romain Bureau,* directeur général adjoint d'IDRH, cabinet de conseil en organisation, management des ressources humaines et conduite du changement.**

## Dire « non » pour s'affirmer

● Rares sont les personnes qui ne se sont jamais fait piéger par un patron leur confiant un dossier à potasser pendant le week-end, par un collègue demandant constamment de l'aide, par un client réclamant un délai invraisemblable ou un fournisseur fixant un rendez-vous à l'autre bout de la ville… Mais, par crainte de passer pour un bon à rien, un méchant ou un lâcheur, on accepte. Et on se retrouve débordé et frustré.

● Pour apprendre à dire « non », la première étape consiste à passer en revue les personnes ou les situations qui font flancher. Au final, on réalise que l'on se fait toujours avoir pour les mêmes choses. Le responsable ? Son rapport à l'autorité, sa peur de ne plus être aimé ou encore son sens du devoir exacerbé. Pour apprendre à mieux s'affirmer, il est important de se mettre en situation et d'imaginer ce que l'on pourrait gagner à dire non : moins de stress, moins de dispersion, davantage de disponibilité…

● Simultanément, il faut noter les conséquences d'un refus. 9 fois sur 10, elles sont dérisoires. Reste à faire part de son désaccord en argumentant le plus objectivement possible. Et à renvoyer la balle : « Pourquoi est-ce si urgent ? » ou : « Je ne vais pas travailler ce week-end, mais je viendrais plus tôt lundi matin. » Le « non » est légitimé, doublé d'une recherche de solution. Il passera sans heurts.

## Une ventilation émotionnelle nécessaire

➲ ***Pour sa part, Jean-Pierre Veyrat*** voit dans le silence un autre risque. « Une émotion qui ne s'exprime pas se transforme, dans bien des cas, en dépression. Par exemple : la colère. En France, et contrairement à ce que l'on peut constater dans beaucoup d'autres pays, la manifestation de cette émotion est perçue comme une perte de contrôle. Or, elle devrait plus souvent être considérée comme une ventilation émotionnelle nécessaire, surtout dans les contextes de pression actuels vécus dans l'entreprise. »

# À l'origine du conflit

## Quelles sont les principales origines des oppositions ?

**Intérêts, pensées, valeurs... Nous ne sommes pas tous faits dans le même moule, et pas en permanence sur la même longueur d'ondes.**

### Des cadres de référence différents

- « Souvent, le conflit naît d'une différence : "Mon interlocuteur ne pense pas comme moi", "Je ne l'accepte pas en tant que personne", "je ne comprends pas ce qu'il dit". Autant de divergences que ***Louis-Michel Nivôse,*** **directeur des relations humaines de CaixaBank,** relie aux cadres de référence des individus, à leur façon d'appréhender la réalité. Bref, les individus ont des difficultés à considérer l'autre comme leur *alter ego.* »

### Une affaire de valeur ou de méthodes

- La différence est du reste palpable sur plusieurs registres, ***selon Jean-Pierre Veyrat,*** **dirigeant de Negorisk.** « Les désaccords ont pour point de départ soit les faits ("On n'a pas vu la même chose"), soit les valeurs, soit les rôles ("Ce n'est pas à moi de le faire"), ou encore les méthodes ("Ce n'est pas ma manière de procéder"). »

### Des intérêts divergents

- Dans une entreprise, ce qui revient le plus souvent, ce sont les conflits d'intérêts, ***souligne Louis-Michel Nivôse.*** « Par exemple, dans une usine, le responsable de la fabrication a pour principale fonction de produire. À côté de lui, le responsable

### *Fusion d'entreprise : attention danger !*

**Imaginons une entreprise en activité depuis de nombreuses années. Ses salariés se connaissent, partagent les mêmes valeurs, travaillent de la même façon et fonctionnent selon les mêmes rituels. En clair, ils se connaissent bien. « De fait, chacun peut anticiper le comportement et les réactions des autres, *explique Louis-Michel Nivôse, le DRH de CaixaBank*. Survient une fusion. Il faut donc faire avec des personnes étrangères à son groupe qui vivent selon d'autres règles. Rapidement, les salariés sont dépassés face à des cadres de référence qui leur sont inconnus. D'où une impossibilité de prévoir les façons de faire et les réactions de leurs nouveaux collègues. À l'arrivée : ce sont deux mondes qui se jaugent et se mesurent dans la confrontation. »**

technique doit veiller au bon fonctionnement des machines. Il est donc dans l'obligation de les inspecter à intervalles réguliers. Pour se faire, l'arrêt momentané de la chaîne de production s'impose. Ce qui n'est pas pour plaire au responsable de fabrication. Ainsi, alors même qu'ils travaillent dans la même entreprise, qu'ils veulent tous deux pérenne, ces deux professionnels en arrivent à être pourtant en opposition pour mener à bien ce pour quoi ils sont payés. Autre contexte, autre exemple : celui qui, dans une banque, voit s'affronter le commercial avec le gestionnaire des risques. Le premier défend le dossier d'un client demandeur d'un crédit, alors que le second, chargé de mesurer les risques, rejette le dossier par manque de garanties. On pourrait trouver quantité d'autres cas de figure aussi éclairants sur la récurrence du conflit d'intérêts. »

## Le conflit fait-il partie du jeu ?

**On ne vous a pas engagé pour faire le roquet. Néanmoins, en certaines circonstances, il faut savoir montrer les dents.**

### Une attente de son employeur

- ***Pour Jean-Pierre Veyrat,*** une entreprise attribue à chacun de ses collaborateurs un rôle et, donc, un territoire bien précis. « L'affirmer et le défendre, c'est ce que l'entreprise attend de ses salariés. Celui qui a pour responsabilités de gérer les comptes et de s'assurer de l'équilibre du budget devra forcément se faire entendre de ceux qui dépensent. Normal, il joue le rôle qu'on lui a attribué. »

## Quel impact peuvent avoir les changements ?

**Parce qu'ils plongent les individus dans l'inconnu, les changements provoquent des résistances.**

### Un caractère dérangeant

- ***Pour Christine Marsan,*** coach au sein du cabinet Renaissance, aucun doute, les changements dérangent. « Et pour cause ! Ils entraînent une perte de repères particulièrement éprouvante chez les individus très attachés au confort que leur procurent leurs habitudes et leurs méthodes de travail éprouvées. Déstabilisés, ils réagissent de manière défensive, avec agressivité, d'où l'émergence probable de conflits. Des résistances aux changements qui ne doivent pas être sous-estimées par les managers et par les employeurs. En effet, ces réactions sont parfois consécutives à une succession d'autres changements qui se sont révélés inopérants. »

### Différents degrés de résistance

- ***Jean-Louis Muller identifie*** différents degrés de résistance face aux changements. « Premier scénario : les salariés jugent le changement proposé par leur responsable comme bon, mais ils ne veulent pas l'accepter tout de suite, histoire de faire monter la pression et éventuellement d'obtenir des contreparties. C'est une attitude courante, que l'on peut relier, en France, à la tradition de la "lutte des classes". Il s'agit de tester les réactions de la hiérarchie. Deuxième cas de figure : les collaborateurs ne sont pas d'accord et le disent. Là, le conflit est ouvert, l'encadrement doit faire avec et s'ouvrir à la négociation. Tout, ici, n'est pas négatif car ce conflit démontre l'implication des salariés dans leur travail. Enfin, le cas où des collaborateurs, confrontés à un changement qui leur déplaît, n'en laissent rien paraître, non pour ménager leur hiérarchie, mais plutôt par indifférence et par manque d'implication. Voilà un conflit assez grave puisqu'il reste larvé. La facture peut être salée : productivité en chute libre, qualité du travail en baisse, absentéisme… »

## En quoi la course aux résultats a-t-elle sa part de responsabilité ?

**Pressurés de toute part, les salariés n'ont plus le temps de prendre le temps. Bilan : des dommages collatéraux à la pelle.**

### Plus le temps d'écouter les autres

- « À force de courir contre la montre, plus personne ne prend le temps de s'arrêter pour s'exprimer clairement, si bien que les attentes deviennent implicites, ***explique Jacques Eliard.*** Voilà l'origine même de bon nombre de malentendus. Chacun croit avoir été compris de l'autre, ce qui n'est pas le cas. Résultat ? Les déceptions s'accumulent et finissent par conduire au clash. »

### La pression des chiffres

- Dans un autre registre, ***Bernard Luminet,*** **délégué central CFE-CGC et conseiller prud'homal,** déplore la pression des chiffres, « qui place les cadres en entreprise face à des objectifs toujours difficiles à atteindre. Soumis à cette pression, leurs nerfs sont mis à rude épreuve. Par ricochet, ils mènent la vie dure à leur équipe ».

## Y a-t-il des attitudes créatrices de rancœur ?

**Manque de savoir-vivre élémentaire, jeu trop « perso »... Certains comportements peuvent être lourds de conséquences.**

### Des petits riens

- ***Jean-Marc Chaintron évoque,*** à ce propos, un patron qui ne dit pas « bonjour ». « Ses salariés vont sans doute y voir un manque de respect, voire du mépris. Alors que ce dernier agit peut-être ainsi pour ne pas les déranger ou, plus simplement encore, par excès de réserve. Quoi qu'il en soit, cet agacement qui se renouvelle tous les jours va finir par parasiter toute la communication avec le patron. »

### Le jeu « perso » des Rastignac

- ***Louis-Michel Nivôse,*** chez CaixaBank, rappelle que les individus jouant « perso », faisant montre d'une ambition trop voyante vont immanquablement semer le ressentiment sur leur passage : « Quand on est dans une logique de pouvoir, uniquement guidé par ses intérêts propres, on oublie à la fois les égards minimums dus à ses collègues et on perd de vue l'intérêt collectif. Par étonnant donc que l'entourage professionnel réagisse. »

### L'absence de réciprocité

- « Lorsque l'on rend service en transmettant un tuyau sur un client, en donnant un coup de main sur un dossier, en appuyant une

## *De la simple tension au conflit ouvert*

Propos agressifs, menaces, voire affrontement physique... À chacun sa notion du conflit. ***Pour Lionel Bellenger, directeur général adjoint du cabinet Centor Idep***, il existe quatre notions voisines mais différentes :

- ***D'abord, les tensions.*** Ce sont des situations de friction liées à la compétition. Elles sont inhérentes à la vie d'une entreprise car la recherche permanente de meilleures performances appelle un effort d'optimisation (réduction des délais, baisse des coûts...), ce qui ne va pas sans frictions. Les remèdes aux tensions sont simples : négociation et recherche de compromis.
- ***Viennent ensuite les crises :*** il s'agit d'une sorte d'abcès, résultat d'une mauvaise gestion des tensions. Dans ce cas-là, la négociation n'est déjà plus de mise. Car une crise appelle un signe fort. Pour qu'elle soit résolue, il doit y avoir prise de décision.
- ***Les conflits*** à proprement parler sont le résultat de crises n'ayant pas été résolues. Là, on bascule dans l'affrontement : le conflit se caractérise par une modification du rapport de force, par une atteinte à l'intégrité de l'autre et un préjudice. En règle générale, un conflit est brutal et rapide.
- Enfin, dans une zone qui se situe entre la crise et le conflit, on trouve ***la guérilla ou le harcèlement.*** Là, il y a une velléité conflictuelle mais qui reste de l'ordre de la provocation. C'est un conflit qui ne dit pas son nom.

proposition, on s'attend implicitement à un renvoi d'ascenseur, ***complète Jacques Eliard.*** On ne peut pas vanter cet altruisme quand il est à son seul avantage et se trouver de bonnes excuses pour ne pas prêter main-forte à un collègue. Cette conception opportuniste du partage ne peut tenir la route bien longtemps sans susciter d'amertume. Et de l'amertume au conflit, les frontières sont minces. »

# Pourquoi faut-il être attentif aux codes de l'entreprise ?

**Chaque entreprise, chaque métier, chaque secteur produit des règles implicites. Il peut s'avérer utile de bien les identifier.**

## Ne pas être en décalage

- « Tous les groupes d'individus génèrent leurs propres codes, ***explique Liliane Heintz,*** **spécialiste en management.** Dans chacun d'entre eux, certains comportements sont admis, d'autres tolérés et d'autres encore complètement bannis. Les ignorer, c'est prendre le risque d'être en décalage et donc de heurter ses interlocuteurs. Ainsi, dans un atelier de fabrication, les coups de gueule et le langage fleuri passent inaperçus, ce ne serait pas le cas dans les couloirs moquettés d'une banque où le moindre écart de langage fait se retourner tout un étage. »

## Brouiller le message

- Ce constat est également valable à l'échelle des relations interpersonnelles, ***comme l'ont constaté Emmanuelle Tran Thanh Tam et Tea Lucas de Pesloüan,*** **respectivement directrice et consultante d'Acyan, cabinet spécialisé dans la prévention et la gestion de crise.** « Un ton inadapté, une manière de s'exprimer maladroite et c'est l'ensemble du message qui est mal perçu. Heurté, l'interlocuteur n'est plus capable d'entendre le contenu. À l'origine : le manque d'observation qui conduit à mal comprendre la logique de son interlocuteur qui fonctionne avec d'autres référents. On peut citer le cas de ce responsable d'équipe qui s'adresse à l'un de ses collaborateurs en regardant ailleurs ou en consultant ses mails. Si ce dernier est peu sûr de lui, il va interpréter cette attitude comme un signe de mépris et se focaliser sur ce manque de considération supposé. »

# La responsabilité du management

## Quels styles de management favorisent l'émergence de conflits ?

**Dans certaines entreprises, la quête de la performance suppose des orientations managériales faisant la part belle à la mise sous pression.**

### Le management de tension

- ***D'après Jean-Pierre Veyrat,*** dirigeant de Negorisk, cabinet spécialisé dans la négociation conflictuelle et le management de crise, « un manager se présente sous quatre caractéristiques : animer, stimuler, s'affirmer et s'imposer. Selon la conjoncture de l'entreprise, autrement dit selon qu'elle entre dans une zone de tension (lancement d'un nouveau produit, arrivée de nouveaux actionnaires...), elle va demander à ses responsables d'être plutôt dans le leadership. En clair : ils sont là pour obtenir des résultats à court terme et tenir les objectifs coûte que coûte. Leur

***L'arrivée du petit nouveau***

**Pas facile d'arriver à un nouveau poste, parfois dans un métier qu'on ne connaît pas bien, voire pas du tout ou dans un nouveau site géographique où l'on est inconnu. Surtout lorsqu'il s'agit d'asseoir son autorité. « Pourtant l'exercice est courant, notamment dans les entreprises de bonne taille dans lesquelles la mobilité géographique et fonctionnelle est monnaie courante, *remarque Christophe Rocher, chef d'agence clientèle d'EDF-EDF Services.* Dans ce cas-là, deux conditions incontournables : savoir asseoir sa légitimité, mais en douceur, et être capable de donner du sens à ses décisions. »**

## Quelques situations explosives

« *Emmanuelle Tran Thanh Tam et Tea Lucas de Pesloüan, respectivement directrice et consultante d'Acyan, cabinet spécialisé dans la gestion de crise*, ont recensé les principales situations annonciatrices de crises et de conflits.

- « *C'est la faute à Voltaire* » : cette attitude consiste à reporter les fautes ou la raison de ses échecs sur les autres. On désigne un bouc émissaire et on se décharge sur lui de toute responsabilité.
- « *Tout va très bien madame la marquise* » : ce comportement consiste à ignorer les problèmes, à faire comme si tout allait bien et à se plonger dans des tâches quotidiennes pour éviter de voir les signes avant-coureurs d'une crise. Dès lors, les problèmes s'accumulent et s'enveniment. Or, c'est de cette non-résolution des signes précurseurs de crise que naissent les grands conflits.
- « *On nous cache tout, on nous dit rien* » : ici, les collaborateurs ont le sentiment qu'on leur dissimule des éléments essentiels, parce que leur chef tout-puissant garde pour lui toutes les informations importantes. D'où une accumulation de frustrations de la part des collaborateurs, qui nourrissent par ailleurs de la défiance à l'égard de leur manager.
- « *We are the champions* » : lorsque la confiance d'un individu (ou d'une entreprise) en ses capacités est portée à l'extrême, quels que soient les signes d'alerte et les menaces qui se profilent, l'intéressé, convaincu de son infaillibilité, reste indifférent. Et quand il finit par réagir, il est trop tard.
- « *Pour vivre heureux, vivons cachés* » : alors que la situation se dégrade, que les échecs s'accumulent, l'intéressé préfère ne pas en informer sa hiérarchie. Et finit par tirer la sonnette d'alarme quand la situation est devenue explosive et irréversible. »

approche ? Pratiquer un management de tension. Dans ce contexte, ils cherchent à mettre en compétition les membres de leur équipe pour forcer les talents, même si cela génère des frictions. Dès lors, dès qu'un grain de sable vient gripper la machine, c'est l'explosion. Au moindre retard dans le planning, c'est l'exaspération et le rejet de celui ou celle qui n'arrive pas à tenir le rythme ».

## L'approximation n'est-elle pas un foyer de mésentente ?

**Une consigne manquant de précision, des propos vagues et c'est la porte ouverte aux incompréhensions.**

### Un sentiment de désordre

- ***Jean-Marc Chaintron*, gérant associé du cabinet RHE (Ressources Humaines Environnement)** note que le management est créateur de conflit dès lors qu'il adopte le parti-pris du flou. « Si cela arrange certains individus de se cacher derrière des directives imprécises, de modifier sans préavis certaines priorités, de passer des ordres confus, il ne faut pas s'étonner que leur équipe soit plongée dans une perplexité improductive. Cette nécessité permanente d'interprétation fait souvent naître un sentiment d'exaspération. »

### Jeux de pouvoirs et luttes d'influence

- ***Pour sa part, Béatrice Abeille-Robin,* psychologue clinicienne et conseil auprès des cadres dirigeants,** ajoute : « Le flou peut se révéler dangereux. Un exemple : un organigramme qui ne définit pas avec précision la place et le niveau hiérarchique de chacun est, ainsi, propice à des jeux de pouvoirs, à des intrigues de couloirs et luttes d'influences incessantes. »

## Une différence de traitement peut-elle mener au conflit ?

**Attention aux traitements de faveurs, ils seront considérés comme une injustice par ceux qui n'y ont pas droit, et pourront avoir des effets dévastateurs.**

## *On me fixe des objectifs contradictoires. Que faire ?*

Se voir assigner des objectifs contradictoires est une situation courante qui peut faire naître des conflits d'intérêts, voir des conflits interpersonnels. Voilà comment s'en sortir...

● ***Demander une clarification***
Face à des demandes qui, en elles-mêmes, contiennent des objectifs contradictoires, il ne faut pas laisser subsister le flou. « Il ne sert à rien de tenter de concilier l'inconciliable, il faut interroger celui qui donne la consigne, de manière à savoir lequel des deux objectifs prime », ***assure Jean-Louis Muller, directeur à la Cegos.***

● ***Jouer les naïfs***
Plutôt que d'être sur la défensive ou de souligner la contradiction, il est préférable de jouer le naïf. « Il faut être factuel, demander des précisions concrètes. Par exemple, on peut demander : quand tu me donnes ces deux objectifs, quelle est ta véritable intention ? Comment veux-tu qu'ils se concrétisent ? », ***conseille encore Jean-Louis Muller.***

● ***Détecter et traiter les jeux de pouvoir***
Autre cas de figure : des objectifs contradictoires émanant de deux niveaux hiérarchiques différents. « Les consignes divergentes sont parfois le résultat de jeux de pouvoir subtils. Attention à ne pas être le dindon de la farce, ***poursuit Jean-Louis Muller.*** Pour cela, il faut se comporter comme si les acteurs de cette "guéguerre" interne étaient mus par de bonnes intentions et faire preuve d'une stricte neutralité. »

## Rancœurs et jalousies

- ***Pour Christine Marsan,*** du cabinet Renaissance, « l'inégalité de traitement contribue à faire naître des conflits. Par exemple : deux personnes font le même travail, mais ne bénéficient pas de la même rémunération; des collaborateurs d'un service qui se voient assigner des objectifs individuels tandis que, dans le service d'à-côté, l'objectif est collectif ; un collaborateur disposant d'une voiture de fonction d'un plus gros calibre que son homologue, etc. Autant de situations illustrant des injustices de traitement qui font naître des rancœurs et des jalousies qui, à force d'être accumulées, éclateront à la moindre étincelle. Et là, le feu sera difficile à éteindre ! »

## Faire des envieux

- ***Pour Christophe Rocher,*** **chef d'agence clientèle d'EDF-GDF Services,** « les décisions individuelles sont plus sensibles que d'autres. Prenons, par exemple, la promotion d'un membre de son équipe et l'autorisation d'un jour de congé accordé à la dernière minute. Leur point commun ? Elles vont forcément faire des envieux. Si on ne justifie pas chacune d'elles, elles peuvent faire naître des incompréhensions, une colère rentrée qui finira par déboucher sur un conflit, larvé ou ouvert ».

# Des raisons psychologiques

## La psychologie des individus influe-t-elle sur la propension à créer des conflits ?

**Passé chaotique, enfance perturbée, père autoritaire… L'histoire de chacun n'est pas sans incidences sur notre manière d'être et de gérer nos relations avec les autres. Et donc sur notre capacité à faire naître des conflits.**

### L'influence de l'histoire personnelle

- ***Pour Béatrice Abeille-Robin,*** **psychothérapeute,** une chose est sûre : « L'histoire personnelle de chacun et l'empreinte qu'elle a laissée conditionnent évidemment nos relations avec notre environnement de travail. Chez certains, par exemple, le rapport à l'autorité, le besoin de reconnaissance, les difficultés à communiquer, sont si particuliers qu'ils brouillent leurs échanges avec les autres. Cela étant dit, ce n'est pas dans l'entreprise que l'on viendra guérir les "traumatismes" vécus dans son passé. Bien au contraire, l'entreprise les ravive. »

### Un penchant pour les rapports de force

- « Quelqu'un qui ne fonctionne que dans le rapport de force va cultiver les conflits à répétitions, ***poursuit Béatrice Abeille-Robin.*** Résultat : son entourage sera déstabilisé, et c'est tout le travail du service qui en pâtira. La seule issue : que cet individu comprenne que son comportement est à l'origine de ce climat délétère. Et cela, personne ne peut le faire à sa place. Il s'agit d'une démarche personnelle, qui pourra s'appuyer sur l'intervention d'un thérapeute. »

### Le manque de confiance en soi

- ***Pour Christine Marsan,*** **coach,** « le manque de confiance en soi peut aussi rendre agressif. Imaginons qu'un collègue vous téléphone à propos d'un projet sur lequel vous travaillez tous les deux. Mais voilà, vous êtes en train de boucler, en urgence, un dossier important. Si vous avez confiance en vous, vous serez capable de lui expliquer que vous êtes occupé et lui demanderez de vous rappeler plus tard. Si ce n'est pas le cas, vous n'allez pas oser lui dire que vous n'avez pas de temps à lui consacrer. Tout en l'écoutant, vous bouillez intérieurement pour finalement lui en vouloir ! Soit vous allez finir par l'envoyer promener sans qu'il comprenne la raison de votre soudaine agressivité, soit vous allez vous contenir, et vous exploserez à une autre occasion, peut-être sans raison objective. »

### Le mal-être

- « Autre profil : celui qui ne se sent pas à sa place, qui pense "je ne suis pas dans un environnement qui me convient", "je ne suis pas fait pour ce job", ***ajoute Jean-Marc Chaintron.*** Mal dans son poste, mal dans son entreprise, cette personne va être dans le rejet systématique et sera pénible à supporter pour ses collègues. On peut citer, par exemple, le cas d'un jeune diplômé d'école de commerce qui, en toute logique, intègre un service commercial. Mais voilà, il ne se sent pas l'âme d'un vendeur et ne parvient pas à faire rentrer un chiffre d'affaires à la hauteur des espérances de son chef de service. Une réalité vécue comme un échec, difficile à gérer. »

## Quel rôle jouent nos peurs ?

**Nos angoisses conditionnent notre comportement face aux autres et, sans raison apparente, nous font parfois adopter une attitude agressive.**

### *Un retard de rien du tout ?*

« Vous avez rendez-vous avec un collègue à 9 heures pétantes et celui-ci arrive à 9 heures 30. Bien entendu, il n'a pas pris soin de vous prévenir, ce qui a le don de vous énerver. Cette situation rapportée par *Jean-Louis Muller* est, somme toute, relativement banale. Ce qui l'est moins, ce sont certaines réactions d'individus qui vont voir là une atteinte à leur personne. "Cela ne le gêne pas de me faire attendre. S'il se permet ce comportement avec moi, c'est la preuve qu'il ne me respecte pas. Ce qui signifie, en fait, que je ne suis pas important à ses yeux." Résultat, cette personne, stressée, perturbée, va devenir agressive. Et pour cause, si elle en veut au retardataire, ce n'est pas pour ses quelques minutes de retard, mais pour ce sentiment d'infériorité déplaisant qu'il aura réveillé. »

## La crainte de ne pas être aimé

- ***Selon Jean-Marc Chaintron,*** « on croise dans le monde du travail des personnes dont la grande crainte est de ne pas être aimé. Si les signes d'affection que leur entourage leur témoigne ne leur paraissent pas suffisants, notamment en situation difficile, elles ne sont pas rassurées. Comme ce besoin d'attentions risque de ne jamais être assouvi, elles prennent le contre-pied en faisant tout pour être détestées, justement pour légitimer leurs peurs. Dans le même registre, il y a ceux qui ont peur d'être délaissés et qui, inconsciemment, mettront tout en œuvre pour être abandonnés ; ou encore ceux dont la peur de l'échec est telle qu'elle les conduit à commettre des erreurs, des plus élémentaires aux moins réparables ».

## Le besoin de reconnaissance

- ***Béatrice Abeille-Robin ajoute*** comme autre peur fréquente celle liée à la reconnaissance. « Il s'agit de ces personnes "accro" aux signes de considération. Elles vont donc interpréter le moindre échange à l'aune de ce besoin. Une directive donnée un peu trop rapidement, un mail sans formule de politesse, un collègue qui oublie de dire bonjour... Et ces personnes en concluent immédiatement qu'on leur a manqué de respect. Une souffrance qui mettra leurs nerfs à vifs et les rendra agressives. »

### Des peurs souterraines

- ***Pour Jean-Louis Muller,*** nous avons tous un petit côté parano qui conduit à l'affrontement. « Une réunion qui a été décalée sans qu'on en soit prévenu, et c'est la peur d'être ignoré qui se manifeste ; son patron qui démissionne et on a peur d'être abandonné ; on nous avait parlé d'un projet et finalement c'est un autre qui est retenu, alors on a peur d'être trahi. Toutes ces peurs qui, en règle générale, restent souterraines, peuvent faire naître des conflits. »

## Le sentiment d'insécurité transforme-t-il notre vision des choses ?

**Fusion/acquisition, plans sociaux à répétition, délocalisations... Par les temps qui courent, les salariés ne sont plus sûrs du lendemain.**

### Un climat de travail perturbant

- ***Jean-Marc Chaintron*** observe que la situation économique éprouve nerveusement les individus. En l'absence d'une communication réaliste, « certains signes alarmants très concrets, qui indiquent que leur entreprise va mal, attaquent durement le moral des salariés. Mais, il y a aussi les craintes liées à une conjoncture incertaine et mouvante, renforcées par les exemples successifs de plans sociaux et de fermeture d'usine. Ainsi, les gens se rongent

### *La technique d'ancrage : un remède contre la peur*

**Avec la joie, la colère et la tristesse, la peur compte parmi les quatre émotions universelles. Un conseil : prendre le temps de l'analyser plutôt que de l'enfouir au plus profond de soi. Car cette dernière est utile : elle signale un danger. Pour autant, elle doit être dosée, et, pour ce faire, on n'a pas trouvé mieux que la technique d'ancrage. Son principe : penser à une image, à un événement ou à un mot qui a déjà provoqué cet état par le passé ; puis le remplacer par un autre scénario dont l'issue à, cette fois, été heureuse et positive.**

les sangs : "J'ai perdu des clients" ; "On nous a dit de faire des économies" ; "J'ai l'impression qu'on cherche à réduire l'effectif". Tout est propice à alimenter sa peur du lendemain, ce n'est pas favorable à un climat de travail serein ».

## Le stress déforme-t-il notre vision de la réalité ?

**Si le bon stress existe, il y a aussi un mauvais stress qui conduit les individus à tout exagérer.**

### Un effet « loupe »

- ***Christophe Rocher en est persuadé :*** « Le stress déconnecte de la réalité et a souvent un effet "loupe". Je me souviens d'un agent affecté à l'accueil téléphonique de la clientèle, qui, un jour en fin d'après-midi, vient me trouver pour se plaindre d'avoir passé sa journée à régler des demandes qu'il jugeait particulièrement problématiques. En discutant tranquillement avec lui, je me suis rendu compte qu'il n'avait eu au total que deux grosses réclamations à gérer. J'en ai déduit que cette vision erronée de sa

## *Le stress : de la pression aux tensions*

● Selon une enquête réalisée par *Le Journal du management*, à l'automne 2003, la majorité des salariés (51,5 %) estime que le niveau de pression supporté au travail est « trop » ou « très » élevé. D'autres, de l'ordre de 30 %, estiment, pour leur part, subir un stress « élevé » mais supportable. Reste 17 % de l'échantillon, supportant une pression professionnelle peu élevée, voire nulle.

● Les salariés stressés identifient comme causes principales les objectifs à respecter (32,3 %), l'ambiance générale de l'entreprise (27,6 %) et le rythme de vie global (20,2 %). D'autres sources de stress sont directement liées au manque de reconnaissance, au manque d'équité et au style de management.

● Quoi qu'il en soit, ce fort niveau de stress ressenti au travail est jugé par 46,9 % des répondants comme « néfaste ». S'y ajoutent 14 % qui le considèrent comme tout simplement « inutile » ; à l'inverse de ceux (22,9 %) qui le vivent comme un facteur « motivant » ou un élément intrinsèque à la vie professionnelle (16,2 %).

● Si l'on se place cette fois à l'échelle européenne, les dernières études dont se fait écho la Fondation européenne pour l'amélioration des conditions de vie et de travail, le nombre de salariés victimes de stress est évalué à pas moins de 40 millions. Ce mal est, par ailleurs, responsable de la moitié de l'ensemble des journées de travail perdues se traduisant par des absences, des pertes de productivité, des désorganisations de tous ordres. Et l'ardoise est salée : le stress coûterait chaque année jusqu'à un milliard d'euros aux entreprises françaises.

journée de travail résultait du stress, qui l'avait conduit à voir tout en noir. Si nous n'avions pas fait ce débriefing, il aurait peut-être gardé ses tensions en lui, qui auraient pu, au fil des jours, se transformer en agressivité. »

# Les personnalités difficiles

## Sommes-nous tous, à un certain degré, des caractériels en puissance ?

**Des personnalités particulièrement difficiles nous entourent. Nous ne pouvons les ignorer. Et, au regard de certains de nos excès, force est de constater que, par moment, nous leur ressemblons.**

### Ne pas tomber dans la caricature

- ***Selon Jean-Marc Chaintron,*** il faut faire attention à ne pas tomber dans la caricature. « Certes, il y a des personnalités plus difficiles que d'autres dont les symptômes sont caractérisés. Mais cela ne doit pas nous faire oublier que, parfois, nous pouvons, nous-mêmes, être tour à tour coléreux, manipulateurs, autoritaires ou encore psychorigides. »

## Comment fonctionnent les coléreux ?

**Aussi insupportables soient-ils, les caractères coléreux ne sont pas le fruit du hasard.**

### Un comportement qui vient de loin...

- Pour expliquer un caractère colérique, ***Béatrice Abeille-Robin*** sonde le passé des individus. « Les coléreux peuvent être le fruit de plusieurs types de fonctionnement familial. Ils peuvent, tout d'abord, être issus d'une famille où, pour se dire les choses, on crie. C'est un mode de communication habituel. Pour exister, ils n'ont pas d'autres moyens que de hausser le ton. Ils ne voient donc rien d'anormal dans le fait de piquer des colères. Les coups de

### Ces râleurs qui nous entourent

**Selon Mireille Brahic, auteur de l'ouvrage *Arrêtez de râler* (Éditions d'Organisation), on appelle « râleur » une personne qui manifeste souvent son mécontentement. Elle distingue plusieurs types de rouspéteurs.**

**→ Le râleur qui manifeste un mécontentement occasionnel légitime : nous sommes tous susceptibles de devenir le râleur de quelqu'un, dès lors qu'il est la cause de notre contrariété. Ce râleur-là est honnête : il veut juste en avoir pour son argent et le réclame timidement et sans agressivité.**

**→ Le râleur conscient et fier de l'être, version justicier. Sûr de son bon droit, il est déterminé et prêt à y consacrer du temps et de l'argent. C'est le genre à envoyer des lettres recommandées en série.**

**→ Le râleur conscient et fier de l'être, version profiteur. Sans complexes, il tente sa chance, agressif ou charmeur, selon son interlocuteur.**

**→ Le râleur « écorché vif ». Celui-ci se plaint de façon compulsive. Il dénonce, menace, revient à la charge. Mais il n'a souvent rien de bien concret à revendiquer.**

gueule sont banalisés et, à aucun moment, ne sont considérés comme nuisibles. Autre contexte : les familles où le non-dit est roi produisent aussi, de manière plus inattendue, de grands coléreux. Arrivées à l'âge adulte, ces personnes ne savent pas exprimer leurs frustrations. Elles les contiennent, se mettent en "surchauffe" et finissent par exploser. Mais quand cela arrive, ce n'est jamais ni le bon moment ni le bon endroit, ni la bonne personne qui en subit les frais. »

## Un moyen de s'imposer

- ***Liliane Heintz analyse,*** de son côté, l'attitude des coléreux. « La colère est une facette de la personnalité de ceux qui veulent réussir. Leur volonté de s'imposer fausse leur vision des choses : ils ont raison, ils sont dans leur bon droit et ce sont les autres qui ont toujours tort. L'expression de leur colère est aussi une manière de dire : "Je suis plus fort que toi, attention si tu ne te soumets pas." »

## Comment identifier une personnalité autoritaire ?

**Mieux vaut savoir comment fonctionnent les dictateurs et autres petits chefs dont l'attitude est à la base de bien des incompréhensions, à l'origine de bien des conflits.**

### Pas d'ouverture au dialogue

- ***Pour Liliane Heintz,*** les « dictateurs » se caractérisent par leur manière de faire passer des consignes. « Avec eux, pas de discussion possible, le débat n'a pas sa place et, par conséquent, toute initiative est découragée. Leur credo : "C'est comme ça et ce n'est pas autrement." Pour survivre à leur contact et avoir la paix, il est recommandé d'adopter le même registre : "J'ai fait exactement comme vous m'avez dit, voilà où nous en sommes. Si ce n'est pas le résultat attendu, que fait-on maintenant ?" »

### Seuls détenteurs de la vérité

- ***Bernard Luminet observe*** que ces personnalités excessives sévissent particulièrement à la tête des entreprises familiales. « Ce sont de vrais "patriarches". Ils sont à l'origine de l'entreprise et estiment être les seuls à savoir ce qui est bon pour elle. Il est courant de les entendre dire : "C'est moi qui décide et pas besoin de discuter." »

### Pas très sûrs d'eux

- ***Jean-Marc Chaintron,*** **du cabinet RHE,** place quant à lui dans cette catégorie les petits chefs pas très sûrs d'eux. « Ces personnes, le plus

### *La violence au travail, ça existe*

**Qu'elle soit le fait de la délinquance, des clients, des usagers, des fournisseurs, d'anciens employés revanchards, de simples visiteurs ; qu'elle soit physique, verbale ou distillée sous la forme d'actes d'incivilité, d'intimidations, voire de menaces de mort, la violence exogène au travail se développe partout en Europe. La dernière enquête disponible, réalisée en 2000 par la Fondation de Dublin auprès des salariés européens, montrait l'ampleur du phénomène, avec plus de 6 millions de personnes déclarant avoir été victimes de violence physique. Un chiffre largement sous-estimé étant entendu que de nombreux salariés, généralement des hommes, n'osent pas avouer qu'ils ont été maltraités. D'autres indicateurs révèlent l'étendue des dégâts. Ainsi, aux États-Unis et au Canada, les demandes d'indemnisation des personnels hospitaliers consécutives à des violences ont augmenté de 88 % ces dix dernières années. Qui est concerné ? Autant les employés d'administration que ceux des services sociaux, d'hôpitaux, de transports, de banques ou de la grande distribution. En fait, tous ceux qui sont en contact avec le public et qui ont à dire « non ». Autre proie facile : les travailleurs isolés (chauffeur de taxi, conducteur d'autobus, technicien réparateur, etc.). Traumatisants, ces événements débouchent sur de longs arrêts de travail, voire des incapacités à reprendre le poste.**

souvent dans la crainte de ne pas être à la hauteur et de voir leur statut de chef (auquel ils sont particulièrement attachés) remis en cause, n'hésitent pas à semer la terreur dans leur équipe pour parvenir à leurs fins. » Ces « petits chefs » sont parfois à des postes très élevés. Ils génèrent à eux seuls de très nombreux conflits.

## Mal préparés à l'encadrement

**_Christophe Rocher_** complète le portrait de ces petits chefs : « On les retrouve aussi parmi les salariés qui ne sont pas préparés à l'encadrement. Récemment promues, ces personnes ont tendance

### Faire face aux sous-entendus

« J'ai remarqué que tu n'étais pas convié à la réunion avec la direction hier. » Cette phrase est banale, mais il suffit que celui qui la prononce ait un sourire en coin ou un ton narquois pour que celui à qui elle s'adresse y voit une allusion négative. Dans ce cas, il y a plusieurs façons de répondre, sans entrer dans le conflit ouvert.

● *Rester zen*
La phrase a été lancée devant des collègues... Répliquer sous le coup de l'agacement pourrait conduire à des échanges aigres-doux, voire agressifs, qui feraient sans doute le bonheur des témoins de la scène. Mieux vaut ignorer l'attaque. C'est une façon de montrer que vous n'êtes pas touché.

● *Répondre au premier degré*
Autre parade, ne prendre en compte que le contenu du discours de votre interlocuteur, en faisant mine de n'avoir pas perçu ce que son ton sous-entendait : « Il s'y est dit des choses intéressantes ? On peut en parler ? » Constatant que sa tentative de déstabilisation a échoué, votre collègue s'en tiendra sans doute là.

● *Répliquer avec humour*
L'humour révèle une capacité à prendre du recul et une certaine force de caractère, ce qui peut désarçonner quelqu'un qui vous attaque. Si vous répondez : « Ce n'est pas très grave puisque je rencontre les membres de la direction tous les jours ! » ou : « J'avais des choses plus importantes à faire », il y a des chances pour que votre interlocuteur se retrouve sans voix !

à donner des ordres sans prendre de gants, sans explication et en oubliant de recueillir l'avis de leurs collaborateurs. »

## Pourquoi faut-il se méfier des indécis ?

**Parce qu'ils ne savent pas trancher, les indécis laissent aux autres le soin de prendre position, ce qui ne va jamais sans heurts.**

### À la recherche permanente du consensus

- « Ces personnes, qui ne savent pas arbitrer alors que c'est justement ce que l'on attend d'elles, sont toujours à la recherche du consensus, ***explique Béatrice Abeille-Robin,*** **psychologue clinicienne et conseil auprès des cadres dirigeants.** En fait, elles adoptent cette ligne de conduite par peur du conflit. Elles sont incapables de donner un avis tranché, choisissent de s'en sortir avec une pirouette plutôt que de donner raison ou tort à leur interlocuteur. À force de toujours demander à chacun "et toi qu'est-ce que tu en penses ?" dans le but de ne pas avoir à donner leur avis, elles laissent les gens décider par eux-mêmes, et c'est le désordre. Résultat : à vouloir éviter les conflits, ces indécis les créent ! »

## Y a-t-il des personnalités particulièrement dangereuses ?

**Manipulateurs, pervers en puissance... Gare ! Ces personnages sont passés maîtres dans l'art du conflit : en fomenter en permanence est pour eux une seconde nature. Et pire, ils n'ont que faire des dégâts qu'ils provoquent.**

### Volonté de nuire

- ***Pour Liliane Heintz,*** **coach indépendante,** « les manipulateurs sont passés maîtres dans l'art de souffler le chaud et le froid et ne reculent devant aucune contradiction pour faire douter leurs collègues. Ils sont capables de vous dire "ce que tu as fait est très bien", et, l'instant d'après, de vous dénigrer devant des personnes influentes. Il est donc important de repérer ces individus et d'identifier les réseaux qu'ils ont l'habitude d'activer pour leur entreprise de déstabilisation ».

## Des techniques de déstabilisation très au point

- « Les manipulateurs utilisent trois techniques redoutables, ***complète Jean-Louis Muller,*** **directeur à la Cegos.** Leur première arme est la dévalorisation et la culpabilisation. Il s'agit, pour eux, de repérer les faiblesses et les défauts de leurs collègues avant de les exploiter pour placer ces derniers en situation d'infériorité. Autre technique qu'ils affectionnent : la manipulation par les bons sentiments. Concrètement, cela consiste à aider les autres malgré eux et à agir comme si on savait mieux qu'eux ce qui est bon pour eux !

  La plainte est un autre moyen pour manipuler son entourage : il s'agit d'adopter une attitude de victime pour attirer l'attention sur soi ou éviter un conflit. En se dévalorisant à outrance, la personne espère susciter des manifestations de bienveillance du genre : "Mais non, ce n'est pas vrai, tu es quelqu'un de bien !" »

## Aucun respect des règles communes

- ***Béatrice Abeille-Robin,*** **psychologue clinicienne et conseil auprès des cadres dirigeants,** pour sa part, décrit ainsi le danger de croiser la route d'un pervers qu'elle définit comme quelqu'un n'obéissant pas à la règle commune, mais à ses propres lois : « Quelles que soient les querelles qu'il déclenche, il ne culpabilisera jamais. À la fois manipulateur et séducteur, il fait semblant d'adhérer à une cause ou à une opinion. Mais son seul but est de provoquer la confrontation et la concurrence entre les personnes qui l'entourent. Il est aussi un champion toute catégorie pour s'attribuer les lauriers et s'attirer l'affection des autres, qui vont se battre et se défoncer pour lui, mais sans jamais rien obtenir en retour. Considérant les autres comme de simples objets, le pervers est nuisible et se repère aux dégâts qu'il a causés autour de lui. »

## Comment les frustrés peuvent-ils provoquer des conflits ?

**Pour se venger de n'avoir pas la position qu'ils estiment mériter, les frustrés sèment la zizanie autour d'eux.**

### Un vrai pouvoir de nuisance

- « Dans un de mes précédents postes, j'ai eu affaire à un véritable frustré, qui pensait qu'il n'avait pas la carrière qu'il méritait, ***raconte un jeune manager.*** Il mettait son grain de sel partout et, à chaque fois que c'était possible, de l'huile sur le feu ! Il pouvait, ainsi, se donner l'illusion qu'il avait du pouvoir, même s'il ne s'agissait que d'un pouvoir de nuisance. Par exemple, dans le cadre d'un recrutement interne, il est allé voir plusieurs candidats que j'avais reçus pour leur dire que ce n'est pas eux qui seraient choisis pour le poste, alors même qu'il me restait des personnes à rencontrer et que, de toute façon, je ne lui avais donné aucune information particulière. J'ai donc dû avoir une conversation avec l'ensemble des personnes concernées pour leur dire qu'aucun choix n'avait encore été arrêté. Par la suite, j'ai fait attention à communiquer avec le plus de clarté possible pour qu'il ne puisse pas exercer sa capacité de nuisance. »

## Partie 2

# Prévenir les conflits

Eviter tous les conflits n'est pas un objectif réaliste... Ce n'est, du reste, pas forcément recommandé. Il est, par ailleurs, possible d'en prévenir un certain nombre. Il suffit pour cela de respecter quelques règles de conduite claires : prendre le temps d'écouter ses interlocuteurs, éviter de mettre trop d'affectif dans ses relations professionnelles, ne pas blesser inutilement... Si l'on est responsable d'équipe, là encore, on peut diminuer les risques de situations conflictuelles en donnant du sens aux missions que l'on confie à ses collaborateurs, en les responsabilisant, en faisant preuve d'équité et en se montrant disponible. Des bonnes pratiques qui, au quotidien, ne sont pas toujours faciles à respecter. Mais, pourquoi pas essayer ?

### *MORCEAUX CHOISIS*

- « Avoir du respect pour l'autre, c'est accepter qu'il puisse penser différemment. »
- « Entre membres d'une même équipe, il faut se garder de donner une trop grande place aux sentiments. »
- « Il ne faut jamais oublier d'exprimer sa reconnaissance. »
- « Mieux vaut pratiquer l'émulation que la compétition. »
- « Le conflit est souvent basé sur des peurs. »

# Des règles de conduite explicites

## Pourquoi faut-il imposer des règles du jeu ?

**Pour se prémunir de conflits liés à des comportements excessifs, il n'y a rien de mieux que d'instaurer un cadre de bonne conduite.**

### La nécessité d'ériger des interdits

- ***Pour Gérard Taponat,*** directeur du droit social et des relations paritaires à la direction des ressources humaines du Groupe SFR-Cegetel, « il est de la responsabilité de l'entreprise de fournir à ses salariés des références, des outils et des règles du jeu comportementales. Ceci a pour conséquence de pacifier les rapports interpersonnels, mais également de prévenir la conflictualité sociale collective. La raison ? Plongées dans leurs activités économiques, les entreprises sont en permanence dans l'immédiateté, elles n'ont donc pas le temps de s'arrêter pour tenir le rôle d'éducateur que le corps social serait en droit d'attendre d'elles. Dès lors, il faut au minimum, en amont, qu'elles aient défini un cadre de fonctionnement général qui s'apparente à un "protocole de bonne conduite" avec les principes sur lesquels on ne transige pas.

  Les accords d'entreprise pris en matière de harcèlement moral en sont un bon exemple. Dans ce cas précis, les salariés victimes savent qu'ils seront entendus et, d'autre part, les coupables savent à quoi ils s'exposent. Ces règles du jeu collectif permettent de traiter objectivement – en l'absence de toute subjectivité et affectivité – les différentes situations relationnelles. Ce *modus vivendi* prolonge effectivement les engagements éthiques ou managériaux ».

## Faire accepter les points de vue différents

- ***Une approche partagée par Louis-Michel Nivôse,* directeur des ressources humaines de la CaixaBank.** « Ériger le respect comme l'une des valeurs premières de l'entreprise a une vocation pédagogique. Avoir du respect pour l'autre, c'est notamment accepter qu'il puisse penser différemment. Sans être d'accord avec tout ce qu'il dit, cela induit une capacité à entendre un point de vue différent du sien. En clair : on a le droit de penser autrement et de le dire sans que cela tourne au règlement de comptes. »

## Tolérance zéro pour les comportements inacceptables

- ***Jean-Pierre Veyrat,* dirigeant de Negorisk, cabinet spécialisé dans la négociation conflictuelle et le management de crise,** est sans détour : « Il ne faut pas composer avec les comportements identifiés comme inacceptables et avertir d'une "tolérance zéro" à leur égard. Exit les dérapages du genre diffamation, dénigrement, dévalorisation... »

## Soutenir les salariés aux prises avec des clients agressifs

- ***Pour Gérard Taponat,*** il faut aussi prévoir des règles spécifiques pour ceux qui sont en contact avec la clientèle, de manière à ce qu'ils se sentent écoutés, compris et protégés par l'entreprise. « La notion de "client roi" conduit à des dérives, qui se traduisent par une banalisation de l'agressivité et des déviances comportementales. Malheureusement, on accepte trop facilement qu'une caissière se fasse insulter alors que l'inverse n'est pas toléré. Il faut que les salariés aux prises avec des clients agressifs soient assurés du soutien de leur hiérarchie et sachent qu'elle va intervenir pour recadrer l'interlocuteur belliqueux. »

# Trop d'affectif brouille-t-il les cartes ?

**Être aimable, cordial, plaisanter de temps en temps avec ses collègues, d'accord. Mais point trop n'en faut : au bureau, l'affectif peut jouer des tours.**

## Les limites de la cordialité du manager

- ***Christophe Rocher,*** chef d'agence clientèle d'EDF-GDF Services, souligne qu'il est délicat de laisser s'introduire de l'affectif dans les relations de travail. « S'il est normal, voire conseillé, de faire preuve de cordialité ou encore de se tutoyer entre membres d'une même équipe, il faut, en revanche, se garder de donner une trop grande place aux sentiments. C'est dangereux et souvent générateur de conflit. Avoir une relation privilégiée avec l'un ou l'autre de ses subordonnés est déconseillé : il en va de la crédibilité du manager en termes de neutralité. Qui dans l'équipe croira encore qu'il y a égalité de traitement, même si c'est pourtant le cas ? »

## Décisions individuelles : attention !

- « C'est encore plus délicat dans le cas des décisions individuelles, ***poursuit Christophe Rocher.*** Par exemple, si j'accepte de décaler les vacances d'un membre de mon équipe à sa demande et qu'il me remercie en me disant "c'est vraiment sympa ce que tu as fait pour moi", je lui explique que je n'ai pas répondu favorablement à sa requête pour lui faire plaisir, mais plutôt parce que c'était possible. Et si je ne lui avais pas donné mon accord pour un changement de dates, cela n'aurait pas été dans le but de l'embêter, mais uniquement parce que son absence aurait été préjudiciable à l'organisation du service. Le côté "tu as vu comme je me suis démené pour t'obtenir ça" est, à mon sens, tout simplement déplacé. »

## Une bonne ambiance, ça compte beaucoup !

● La qualité de vie au travail compte autant que la rémunération. Telle est l'une des conclusions du sondage CSA* intitulé « Les salariés et la qualité de vie au travail », réalisé pour le réseau ANACT (Agence nationale pour les conditions de travail) au printemps 2003.

● Ainsi, lorsque l'on interroge les salariés sur les critères de choix d'un emploi les plus importants, ils citent d'abord la rémunération (54 %), immédiatement suivie des conditions de travail (52 %) et ce, loin devant l'intérêt du métier (40 %) et le temps libre (19 %).

● Parmi les aspects jugés « très importants » de la qualité de vie au travail, les salariés indiquent d'abord la sécurité sur le lieu de travail (76 %), la préservation de la santé au travail (73 %) et la reconnaissance au travail (69 %). Un tiers de l'échantillon estime que leur travail n'est pas suffisamment reconnu et un quart que le climat social de l'entreprise n'est « pas satisfaisant ». Les salariés interrogés notent, par ailleurs, différentes améliorations ces dernières années en particulier pour ce qui concerne les relations avec les collègues (20 %). En revanche, ils n'en disent pas autant de leurs rapports avec la hiérarchie, qui se sont détériorés pour 20 % des personnes ; tout comme le climat social de l'entreprise (18 %).

● Enfin, à la question « à qui faites-vous le plus confiance pour améliorer la qualité de vie au travail », ils répondent, en premier lieu, eux-mêmes (93 %) et, en second lieu, leur responsable hiérarchique direct (73 %).

* Sondage réalisé par téléphone, comprenant un échantillon de 953 salariés.

## Avant tout être équitable

« Trop d'affectivité fausse le jugement, ***ajoute Christine Marsan,*** **coach au sein du cabinet Renaissance.** Je me souviens de cette responsable de service qui aimait choyer ses collaborateurs en leur apportant régulièrement des gâteaux qu'elle avait préparés à leur intention. Il faut s'interdire de faire preuve de trop de sentiments dans le travail. L'important, ce n'est pas tant d'être gentil que d'être équitable. Un manager ne parviendra pas à sanctionner les membres de son équipe avec qui il a noué des liens particuliers. Alors qu'il le fera plus facilement avec les autres. Une situation d'autant moins saine que les collaborateurs "chouchoutés" tenteront naturellement de profiter de la situation. »

### Faire rimer complicité avec solidarité

- ***Emmanuelle Tran Thanh Tam et Tea Lucas de Pesloüan,*** **respectivement directrice et consultante d'Acyan, cabinet spécialisé dans la prévention et la gestion de crise,** nuancent. « La solidarité s'impose comme l'un des éléments clés pour la cohésion d'une équipe, notamment lorsqu'elle traverse des moments difficiles. D'où la nécessité de cultiver une certaine complicité. Tout est une question d'équilibre, et c'est bien là la difficulté. »

## Peut-on définir un mode d'emploi pour gérer les conflits quels qu'ils soient ?

**Plutôt que d'avoir à improviser en pleine crise, il est pertinent d'avoir réfléchi à froid et d'avoir établi une procédure à utiliser le moment venu.**

### Une démarche formalisée et duplicable

- ***C'est justement l'approche revendiquée par Gérard Taponat,*** qui a créé un « processus de règlement des conflits » duplicable quelle que soit la situation rencontrée. « L'objectif d'un tel outil est de formaliser dans le détail la manière dont on va fonctionner en cas de désaccord ou de crise de façon à parvenir le plus rapidement

## *Pour éviter qu'une crise ne dégénère en conflit*

« *Pour Lionel Bellenger, directeur général délégué du cabinet Centorldep*, pour stopper net une crise et éviter qu'elle se transforme en conflit ouvert, une solution s'impose : « Il faut qu'une décision soit prise et appliquée, c'est-à-dire qu'il ne s'agisse pas seulement d'un effet de communication. Il faut également informer le plus exhaustivement possible les personnes intéressées, de manière à ce qu'elles ne s'inquiètent pas inutilement et qu'elles intègrent le fait qu'on maîtrise la situation. Prenons un exemple : celui de la Classe A de Mercedes. Dans les semaines précédant son lancement officiel, un hebdomadaire spécialisé a révélé que des essais effectués par la firme de Stuttgart avaient montré que la voiture n'était pas suffisamment stable. Plutôt que de nier, de tergiverser, la direction de Mercedes, alors que tout était déjà prêt pour le lancement, a choisi de suspendre la sortie et de la reporter de manière à procéder aux ajustements techniques nécessaires. Résultat : cette réaction claire et immédiate a permis de tuer dans l'œuf toute polémique et tout conflit avec les journaux spécialisés et les acheteurs potentiels. D'ailleurs, ce modèle est devenu un succès ! » »

possible à un dénouement, tout en évitant de trop déchaîner les passions. En cas de frictions sur un sujet précis avec les représentants du personnel, ma démarche consiste, en premier lieu, à recenser tous les points de divergence avancés par mes interlocuteurs. À ce stade, j'écoute, je prends note de toutes les doléances, insignifiantes ou fondamentales, et réserve mes réponses. C'est en effet dans un second temps, après avoir examiné les requêtes au regard de la politique de l'entreprise et de ses contraintes, que je vais donner ma position. Aucune revendication n'est laissée en souffrance. Pour celles qui nécessitent une réflexion approfondie, j'indique à mes interlocuteurs le délai au terme duquel je m'engage à fournir ma réponse. Ce "mode d'emploi" constitue un cadre rassurant pour les deux parties. Tout ce processus se concrétise dans des documents qui valident les réponses données en fonction des problèmes posés. »

# Une communication anticonflits

## En quoi la communication est-elle une donnée clé de la prévention des conflits ?

**Parce que les conflits naissent d'incompréhensions, il faudrait réapprendre à se parler et à s'écouter.**

### Se donner la chance de se comprendre

- ***Selon Louis-Michel Nivôse,*** DRH de la CaixaBank, « si les individus instaurent entre eux une communication, c'est au moins la preuve qu'ils écoutent les points de vue d'autrui; ils s'accordent le temps nécessaire pour se mettre à la place de l'autre et se donner plus de chance de le comprendre ».

### Entendre ce que l'autre a à dire

- ***Bernard Luminet,*** délégué central CFE-CGC et conseiller prud'homal abonde : « Aux prud'hommes, nous intervenons quand le feu est déjà déclaré. Souvent, c'est simplement parce que les parties en présence n'ont pas pris le temps de s'écouter et d'entendre ce que l'autre avait à dire. Lors de la conciliation, qui constitue l'étape préalable à l'audience, je les oblige parfois à se parler, ce qui permet de dénouer pas mal de situations. »

### Débloquer la parole

- Provoquer la parole, c'est une pratique que cautionne ***Jean-Louis Muller,*** directeur à la Cegos. Il n'est d'ailleurs pas le seul. « Je me souviens d'une entreprise dans laquelle se taire était une attitude partagée par tous, jusqu'au plus haut niveau de la hiérarchie. Face à cette mauvaise habitude, le président de la société a lancé cet

### Accepter l'objection

Si bon nombre d'objections peuvent être circonscrites rapidement, car considérées comme acceptables, d'autres, en revanche, vont prendre une ampleur inconsidérée, tout simplement parce qu'elles sont mal gérées par les individus. La meilleure attitude à adopter face à un avis diamétralement opposé au sien consiste, en premier lieu, à ne surtout pas couper la parole à votre interlocuteur ou encore à ne pas dévaloriser son propos. Les réactions du type « C'est moi qui ai raison », « Tu as tort », « Ce que tu défends ne vaut pas un clou » sont autant de provocations qui vont transformer en guerre déclarée ce qui n'était au début qu'un simple désaccord. Aussi dérangeantes soient-elles, les objections doivent supposer une attitude d'ouverture et non de défense. Déjà, en écoutant ce que l'autre a à dire, ensuite en reformulant son propos afin de lui montrer que vous avez bien compris et, enfin, en mettant le vôtre en parallèle. Cela suppose d'être sûr de soi pour être capable d'argumenter.

avertissement, sur le ton de la provocation : "Rien de ce que vous direz ne sera retenu contre vous. En revanche, ce que vous ne direz pas pourra l'être !" N'était-ce pas là une bonne manière de débloquer la parole ? »

## Quels sont les principes d'une bonne communication ?

**Écouter l'autre, donner son point de vue... Tout est question d'équilibre !**

### Ne pas juger et rester ferme sur ses convictions

- ***Pour Jacques Eliard,*** associé de i-Lead Systems, cabinet spécialisé en coaching de leadership et développement des potentiels,

## *Les courriels : source d'incompréhensions, voire de conflits*

● On considère le courriel comme un outil pratique permettant de communiquer en temps réel. Cependant, son utilisation n'est pas sans danger. « Je communique énormément par mail, ***raconte Lou, directrice d'une association parisienne.*** Dans mon activité, je travaille en partie de chez moi, et, par ailleurs, je suis en relation avec des bénévoles *via* les mails. Avec l'expérience, je me rends compte que cet outil si pratique génère des incompréhensions, et parfois des conflits, quand il est utilisé sans précaution. Ce qui est compliqué, c'est qu'on ne sait pas dans quel état est la personne qui reçoit le mail et qu'il est donc impossible de s'adapter à son interlocuteur, comme c'est le cas dans une conversation. Un message qui passe sans problème un jour, sera, le lendemain, pris pour un propos ironique ou agressif. On ne maîtrise absolument pas la façon dont nos messages sont interprétés. Parfois aussi, certaines personnes utilisent le mail par lâcheté, parce qu'il est le moyen idéal de dire des choses qu'elles n'oseraient pas dire de vive voix. Après quelques conflits liés aux mails, j'ai désormais une règle de conduite : je n'utilise plus ce moyen de communication pour critiquer le travail d'un de mes collaborateurs. Idem quand le sujet me semble délicat, je décroche mon téléphone. Ou, quand je dois envoyer un mail dont le sujet est sensible, je fais un brouillon que je relis à tête reposée, avant de l'envoyer : je me suis aperçue que, généralement, j'arrondissais les angles et j'adoucissais le ton lors de cette relecture. Dans certains cas, j'utilise aussi les *smileys* : une phrase que l'on a écrite avec le sourire, en imaginant que son interlocuteur y verra l'humour que l'on y a mis, peut parfois être très mal prise. Un petit ;-) peut tout changer ! »

● De son côté, pour éviter de faire naître des malentendus à cause d'e-mails envoyés trop rapidement, ***Jean-Louis Muller, directeur à la Cegos***, a sa méthode : « Chaque jour,

**généralement en fin d'après-midi, je m'accorde un moment pour consulter mes mails et y répondre, de manière à ne pas le faire à la légère et dans l'urgence. Quand je ne peux pas donner de réponse immédiate à mon interlocuteur, je l'en avertis et lui en explique éventuellement les raisons. »**

un dialogue intelligent s'appuie sur deux éléments : « La capacité, dans une conversation, à laisser son interlocuteur exprimer son point de vue sans porter de jugement, même s'il diffère du nôtre, ainsi que l'équilibre entre questionnement et affirmation. C'est-à-dire savoir poser des questions et donc être dans un mode "écoute" tout en sachant exposer ses convictions. Quelqu'un qui n'est que dans l'affirmation sans interroger l'autre n'écoute pas. À l'inverse, quelqu'un qui n'est que dans l'écoute en oublie de faire entendre son point de vue. »

## Comment la communication se décline-t-elle au quotidien ?

**On n'y prête pas assez attention, mais la journée de travail recèle quantité de moments où des échanges privilégiés peuvent naître.**

### Des réunions de service vraiment utiles

- ***Emmanuelle Tran Thanh Tam et Tea Lucas de Pesloüan considèrent*** qu'une réunion de service sert à déminer des conflits potentiels dès lors qu'elle ne se limite pas à un monologue du manager. « Ce dernier doit en effet s'efforcer de donner la parole à tous les participants, et de les écouter. Quitte même à interroger ceux qui restent en retrait pour les impliquer. C'est en procédant ainsi que le dirigeant contribuera à valoriser ses collaborateurs et à les responsabiliser dans la recherche de solutions

## *Les dangers d'une communication inadaptée*

« Quand un conflit se déclenche, il est indispensable de trouver rapidement la communication la plus adaptée, de manière à reprendre les fils du dialogue. « À cet égard, on peut citer l'affaire de l'Erika, qui est particulièrement symptomatique, *remarquent Emmanuelle Tran Thanh Tam et Tea Lucas de Pesloüan, respectivement directrice et consultante d'Acyan, cabinet spécialisé dans la gestion des crises.* Lors de sa première intervention, Thierry Desmarets, le PDG de Total, a tenté d'exonérer son entreprise de toute responsabilité dans cette catastrophe. Alors même que des milliers de litres de pétrole se déversaient sur les côtes françaises et que l'opinion, sous le choc, attendait de la compassion et des excuses. Par la suite, Total a débloqué des fonds importants destinés au nettoyage du rivage et participé à l'indemnisation des professionnels victimes de la pollution. Mais rien n'y a fait, le fil était rompu et l'opinion n'était plus capable d'accueillir ses annonces avec objectivité. C'est un cas typique de mauvaise communication, qui complique singulièrement la résolution des conflits et peut survenir à n'importe quel niveau de responsabilité, que l'on soit PDG, en charge d'un service ou chef d'équipe. » »

concrètes. Chacun donne, ainsi, un avis en fonction de sa propre expertise. À l'issue de ce tour de table, le manager tranche en prenant bien soin de justifier sa décision. »

## Multiplier les échanges informels

- « Il ne faut pas négliger les échanges informels, ***complètent Emmanuelle Tran Thanh Tam et Tea Lucas de Pesloüan.*** On peut aussi s'arrêter dans le couloir et prendre cinq ou dix minutes pour discuter avec un collègue que l'on sait actuellement ennuyé par un client ou un voisin de bureau. Et pourquoi ne pas sortir du cadre habituel ? Par exemple, déjeuner avec son équipe, même s'il s'agit d'un déjeuner de travail, permet de se parler autrement, plus librement, des questions délicates. »

### Garder des traces écrites

« Se contenter de distribuer les rôles et de donner des consignes oralement peut s'avérer dangereux. *Pour la psychologue Béatrice Abeille-Robin,* « il faut garder des traces écrites. La raison ? Elles sont plus faciles à réfuter et évitent les malentendus. Il est donc important de rédiger des notes claires, simples et concises rappelant les décisions prises, notamment le rôle de chacun. Car les gens ont besoin d'un cadre. S'il n'existe pas, ils vont avoir tendance à sortir de leurs prérogatives, empiéter sur le territoire de leurs collègues ». »

## Y a-t-il des rendez-vous à ne pas manquer ?

**Au démarrage d'un projet, il est préférable de mettre à plat les intérêts et les contraintes des différents acteurs.**

### Tout se dire avant le début d'un projet

- ***Louis-Michel Nivôse*** considère un rendez-vous en particulier : celui qui réunit tous les protagonistes d'un projet lors de son lancement. « L'idée est de rassembler toutes les parties prenantes d'un projet qui vont exposer, chacune à leur tour, leurs objectifs, les contraintes auxquelles elles sont soumises et les méthodes de travail qui en découlent. L'objectif ? Faire en sorte que personne n'ignore les intérêts des autres et en prenne acte, voire les comprenne. Histoire que chacun ne regarde pas sa contribution au travail commun par le petit bout de la lorgnette. Ce qui n'empêchera pas, lors de l'avancement du projet, les rivalités et les prises de bec. Mais, au moins, elles seront limitées puisque les uns et les autres auront conscience des obligations auxquelles leurs interlocuteurs sont soumis. »

## Communique-t-on de la même manière avec tout le monde ?

**Selon les individus, il faut aménager son message et la manière de le communiquer.**

### Adapter ses messages

- ***Pour Christophe Rocher,*** il est essentiel d'apprendre à bien connaître la personnalité de chacun des membres de son équipe. Et pour cause ! Tous ne réagissent pas sur le même mode. « Je ne communique pas avec tout le monde de la même façon. Pour certains, je sais qu'il suffit de donner deux ou trois éléments clés d'un dossier pour qu'ils comprennent immédiatement l'objectif et se mettent au boulot. D'autres, au contraire, ont besoin d'une présentation plus détaillée. Il faut aussi prêter attention à la forme : si certains peuvent être briefés entre deux portes sans se formaliser, d'autres, en revanche, réclament davantage d'attention. Il faudra alors les recevoir au calme dans un bureau. »

## En quoi la communication non verbale est-elle source d'informations ?

**Il ne faut pas écouter seulement ceux qui parlent le plus fort, mais aussi ceux qui se taisent.**

### S'intéresser à ce que disent les attitudes

- ***Emmanuelle Tran Thanh Tam et Tea Lucas de Pesloüan évoquent*** à ce propos, outre les tons de voix parfois très explicites, le langage du corps, qui fournit des indices de l'état d'esprit de ses interlocuteurs : « En réunion, un des participants pose son crayon et croise les bras. Il s'agit là d'une mise en retrait qui

## Attention aux conflits de génération

On est souvent déboussolé face à certains comportements. À l'aune de nombreux témoignages, on peut dire que cela arrive, aujourd'hui, lorsque des « anciens » ont à manager des jeunes, qualifiés de difficiles.

- Il faut tout d'abord comprendre que la plupart d'entre eux fonctionnement selon des valeurs qui leur sont propres. Celles de l'entreprise, fondées sur l'évolution professionnelle, le respect de la hiérarchie, certains n'en ont que faire ! Ils sont là pour le salaire que leur procure ce travail. Leur credo : vouloir tout, tout de suite. La patience n'est donc pas leur fort et leur rapport à l'autorité plutôt aléatoire. Avoir déjà compris cette différence est un premier pas vers l'acceptation.
- Reste à en faire un second qui consiste à décoder leur manière d'être. Démarrant au quart de tour, surfant sur la provocation, ces jeunes ont une susceptibilité à fleur de peau. Mieux vaut ne pas entrer dans leur jeu et s'énerver au moindre mot dit de travers. Car il y en a de nombreux. Que faire ? Les laisser vider leur sac. Ils sont énervés ? Surtout ne pas s'en mêler, mais les écouter dire ce qu'ils ont sur le cœur.
- Il y a, cependant, des limites. Dégradation d'un matériel, geste déplacé... Là, il faut intervenir dès le premier incident, non pas en condamnant le jeune mais en sanctionnant son geste.

peut s'interpréter comme une contestation silencieuse. Il y a fort à parier qu'il n'est pas d'accord avec ce qui se dit. Mais, plutôt que d'expliquer les raisons de son désaccord, il préfère bouder ! S'il reste avec ses frustrations, il risque tôt ou tard d'être à l'origine d'un conflit. Pour l'éviter, c'est à l'animateur de la réunion de repérer ce comportement, d'agir en conséquence en sollicitant l'avis de l'intéressé afin de l'impliquer à nouveau dans le débat. »

# Des règles de management

## Pourquoi un manager se doit-il de donner du sens à ses collaborateurs ?

**Une règle élémentaire du management : donner une direction à son équipe et la justifier afin que celle-ci n'ait pas la sensation de naviguer à vue.**

### Rappeler l'objectif commun

- ***Pour Christophe Rocher,*** « un manager doit constamment faire en sorte que ses collaborateurs comprennent les décisions prises par la hiérarchie, ce qui n'implique pas qu'ils y adhèrent à tous les coups. Une anecdote à ce propos : dans nos locaux, il y a eu pendant longtemps des distributeurs gratuits de boissons. Un jour, il a été décidé qu'ils deviendraient payants. Voici le type même de décisions impopulaires qui suscitent des réactions de grogne pouvant déboucher sur un conflit, les salariés interprétant cela comme une atteinte à leurs acquis. Pour désamorcer la situation, j'ai choisi de faire valoir l'intérêt collectif. Autrement dit, j'ai expliqué que l'entreprise avait engagé un vaste plan de maîtrise des dépenses, que tout le monde devait faire des efforts et, qu'à terme, tout le monde serait gagnant ».

### Donner du sens

- ***Une approche partagée par Romain Bureau,*** directeur général adjoint d'IDRH, cabinet de conseil en organisation, management des ressources humaines et conduite du changement. « En permanence, le manager doit s'astreindre à rappeler le sens et l'objectif de ce qu'il fait et donne à faire. Ce peut être, par exemple, de présenter un projet qu'il va confier à son équipe. Il va, devant cette dernière, l'exposer dans sa globalité, expliquer le travail qu'il implique pour, ensuite, distribuer les tâches qui reviennent à chacun. »

### Donner des perspectives

- Au-delà de la nécessité de donner du sens aux décisions, il faut, ***pour Gérard Taponat,*** faire de même avec la place de ses collaborateurs dans l'entreprise. « Un manager doit avoir un projet qui fait progresser ses collaborateurs, ce qui est rarement le cas aujourd'hui. Pourtant, chacun a besoin d'évoluer et donc, doit pouvoir se projeter dans l'avenir. Ce qui ne se limite pas au statut et au salaire. C'est au manager de s'interroger : "Est-ce que je donne du sens à mon action ?" ; "Qu'est-ce que je propose à mon équipe ?" »

### Expliquer aussi les ordres

- ***Louis-Michel Nivôse ajoute*** que « même un ordre n'empêche pas une explication : "Je vous demande de faire ceci, voilà les raisons de cette décision." Idem quand cette consigne n'est pas suivie d'effet. Plutôt que de râler, il faut dire à l'intéressé "Tu n'as pas réalisé ce que je t'avais demandé, voilà en quoi cela va me poser problème pour ce que j'avais à faire." »

## La transparence, une autre approche managériale antisuspicion ?

**La transparence, ce n'est pas si compliqué. Et cela ne signifie pas qu'il faille forcément tout dire.**

### Un moyen de montrer sa confiance

- ***Louis-Michel Nivôse*** associe transparence et confiance. « Ne rien cacher, cela signifie faire confiance aux gens, et pour le manager, considérer ses interlocuteurs comme des personnes adultes et responsables. Le manager ne doit pas glisser dans certains travers et penser de certains : "Il ne va pas comprendre", "Je risque de le blesser"… Je suis convaincu que quand on donne sa confiance *a priori*, on est rarement déçu. »

### Ne pas se couper de ses collaborateurs

- ***Christophe Rocher*** pointe comme risque principal pour le manager, « celui de se couper de son équipe parce qu'il garde trop de choses pour lui. Il faut donc qu'il communique sur tous les dossiers et ne pas tout classer top secret. Ce qui ne l'empêche pas de hiérarchiser les informations en sa possession de manière à distinguer le confidentiel du reste. Si déjà le manager livre 5 % à 10 % d'un dossier sensible, cela suffit pour que les collaborateurs ne se sentent pas exclus. Parfois, il peut être amené, toutefois, à préciser : "En revanche, il y a des choses dont je ne peux pas vous parler pour le moment." C'est aussi une manière de faire preuve de transparence ».

## Comment un manager peut-il montrer sa confiance ?

**Déléguer est une preuve concrète de la confiance qu'un manager témoigne à ses troupes.**

### Accepter de déléguer

- ***Louis-Michel Nivôse*** classe la délégation parmi les preuves de confiance. « Il s'agit de dire : "Je te donne une mission dont tu es responsable en te l'expliquant, en te donnant les moyens de la mener à bien et en te contrôlant de temps en temps." Ce n'est pas du management "laisser-faire" ; il s'agit de responsabiliser ses

### Les clés de la délégation en 8 étapes

- ***Lister les tâches susceptibles d'être relayées.*** Au sommaire : les missions routinières, celles qui nécessitent des expertises autres que celles détenues exclusivement par vous-même et celles qui développent les compétences déjà acquises d'un membre de l'équipe. Ne déléguer que les tâches ingrates n'a aucun intérêt.
- ***Nommer le collaborateur*** disponible, motivé et qualifié à qui vous souhaitez prouver votre confiance.
- ***Parce que déléguer n'est pas piéger***, même si, à terme, l'opération servira à évaluer, vous devez identifier avec votre collaborateur les outils à sa disposition, les erreurs à éviter, les moyens attribués. À préciser également : l'étendue de son pouvoir de décision.
- ***Informer les membres du service*** des nouvelles prérogatives de leur collègue afin de légitimer l'autorité et la responsabilité de ce dernier.
- ***Prévoir ensemble*** des échéances aux étapes clés du travail.
- ***Fixer des rendez-vous*** réguliers de contrôle. Ceci pour accompagner votre collaborateur, voir s'il s'en sort. Il n'est, en effet, pas question de le « fliquer ».
- ***Admettre*** qu'il ou qu'elle fasse différemment.
- ***Dresser le bilan.***

collaborateurs qui apportent leur pierre à l'édifice. Pour un manager, c'est croire que l'autre peut apprendre et progresser. »

## Un préalable : bien évaluer les compétences de chacun

- ***Mais, Jean-Marc Chaintron,*** gérant associé du cabinet RHE (Ressources Humaines Environnement) avertit que « la délégation suppose de la part du manager une bonne évaluation des compétences de l'intéressé, ainsi qu'un mode de contrôle clair du travail confié. Si cela n'a pas été fait, ou mal fait, il sera difficile pour le manager d'identifier les points faibles de ce dernier. En cas d'échec sur la mission confiée, le manager ne pourra s'en prendre qu'à lui-même ».

# Pourquoi faut-il faire preuve de reconnaissance ?

**On n'oublie jamais de faire part de son mécontentement quand les choses vont mal. On est moins prompt à remercier quand tout va bien.**

## Une arme antifrustration

- « Il ne faut jamais oublier d'exprimer sa reconnaissance, ***signale Jean-Marc Chaintron.*** C'est à la fois un des leviers de la motivation et une arme antifrustration. En effet, être félicité pour un dossier bien ficelé pour lequel on s'est démené apporte une satisfaction personnelle. Il suffit, ensuite, d'opter pour une manière de faire adaptée à chaque personnalité et à chaque situation : "Merci", "Bravo", "Nous savions que nous pouvions compter sur vous", "C'est excellent" peuvent s'ajouter à une poignée de main chaleureuse. Et pourquoi pas un entretien de félicitations ? »

# L'équité joue-t-elle un rôle dans la prévention des conflits ?

**L'équité, c'est bien. Mais attention à ne pas la confondre avec l'égalité.**

## Loger tout le monde à la même enseigne

- Si l'égalité est un principe intangible lorsque l'on manage une équipe, elle n'empêche pas des différences de traitement, ***comme le souligne Christine Marsan.*** « En effet, l'égalité de traitement n'exclut pas un système d'évaluation des compétences et des résultats. Un collaborateur qui atteint tous les objectifs fixés lors de son entretien d'évaluation, un commercial qui explose son

### *L'entretien de félicitations pour formaliser sa reconnaissance*

Ne jamais remercier ses collaborateurs, c'est risquer de faire naître de la frustration et du ressentiment. Dire « merci » ou « bravo » peut regonfler le moral de ses troupes. Rien n'empêche d'aller plus loin avec un entretien de félicitations que décrit ***Romain Bureau, directeur général adjoint du cabinet IDRH.*** « Pour que des collaborateurs perçoivent les compliments comme un réel signe de reconnaissance, il faut donner de sa personne et de son temps. Autrement dit : les formaliser dans le cadre d'une démarche réfléchie. Première précaution : faire de cet entretien un exercice d'exception car il perdra de sa valeur s'il est organisé à tout bout de champ. Il faut donc envisager cette rencontre lorsqu'un de ses collaborateurs s'est vraiment surpassé. Pour cela, pas besoin de bouleverser totalement son agenda, cette entrevue ne nécessite pas plus de dix minutes. Pas question pour autant de la bâcler. Un "tu as été super" dans le couloir n'aura pas l'impact désiré car trop informel ! Pour qu'un collaborateur se sente valorisé, il est préférable de le recevoir dans son bureau. Et pour lui faire part de sa satisfaction, mieux vaut être concret : "J'ai bien aimé ton argumentaire lors de la réunion." Pour, ensuite, entrer dans le détail : "J'ai trouvé particulièrement pertinente ta réponse sur..." ; "Il t'a fallu de la patience pour faire entendre raison à Untel"...

chiffre d'affaires... il est normal de les récompenser. Il faut juste veiller à ce que la manière d'évaluer les performances soit la même pour tout le monde ! »

## La disponibilité est-elle un principe élémentaire ?

**Pour capter les messages ambiants, notamment les signes précurseurs de conflit, rien de tel que de se rendre disponible et de le faire savoir.**

## Prendre le temps d'écouter

- Face à une résistance suscitée par une décision impopulaire – un changement à imposer par exemple –, ***la coach Christine Marsan*** a sa recette. « Première étape, écouter ses collaborateurs, leur donner la parole, de manière à comprendre ce qu'ils veulent exprimer à travers cette opposition. Ensuite, seulement, passer à une phase d'explication du sujet qui pose problème. Car, c'est seulement une fois que tous les doutes et toutes les craintes ont été exprimés que l'on devient réceptif aux explications. »

## Pratiquer une écoute active

- ***Emmanuelle Tran Thanh Tam et Tea Lucas de Pesloüan précisent :*** « Si une personne est perçue comme inaccessible, que l'on a toujours l'impression de la déranger quand on vient lui parler, il est fort à parier que le jour où un gros problème survient, on attendra le dernier moment pour lui en faire part. Bilan : il sera déjà trop tard pour intervenir. Le remède : pratiquer une écoute active, se rendre disponible. Si l'on se place dans le contexte d'un différend interpersonnel, on peut imaginer qu'aucun collaborateur n'aura pris le risque de déranger le manager pour l'avertir. Résultat, au lieu d'avoir à aplanir une mésentente naissante, il se trouve face à un conflit pour lequel il devra déployer beaucoup d'énergie. »

## Se rendre disponible

- Un emploi du temps serré est le propre d'un manager. ***Pour Christophe Rocher,*** c'est même une évidence. Pour autant, il ne considère pas cet état de fait comme une excuse valable, justifiant un manque de disponibilité. « Il n'y a rien de tel pour faire naître de la frustration que de répondre à ses collaborateurs "Je n'ai pas le temps", ou pire "Débrouille-toi, je ne veux plus entendre parler de ça". Quand quelqu'un me dit qu'il a besoin de me voir, je réponds

### « Mon boss veut avoir le dernier mot, je vais m'énerver... »

Votre patron veut toujours avoir le dernier mot, ce qui a le don de vous énerver ? Plutôt que d'entrer dans un conflit qui ne résoudra rien, tentez d'autres méthodes :

- ***Rassurez-le sur son autorité.*** Si un manager veut avoir le dernier mot, c'est souvent en raison de son manque d'assurance et de sa peur de voir son autorité mise à mal. Pour le rassurer, montrez que vous avez bien conscience qu'il est le décisionnaire final. Ainsi, soulignez, lors d'une discussion, que c'est bien lui qui prendra la décision et rappelez qu'en dernier ressort, il est libre de signer tel ou tel contrat.
- ***Lâchez du lest sur l'accessoire.*** Avant de discuter avec votre supérieur d'un dossier en cours, identifiez des points sur lesquels vous pouvez lâcher du lest. Inutile de se battre sur chaque détail : reconnaissez qu'il a raison sur des sujets annexes, il acceptera plus facilement vos préconisations sur les points qui vous semblent essentiels.
- ***Trouvez des alliés.*** Votre boss est impressionné par le niveau intellectuel du responsable du marketing ou du DRH ? Si vous avez eu l'occasion de discuter avec l'un d'eux du dossier qui vous préoccupe et que celui-ci partage vos vues, mentionnez-le, l'air de rien, dans la discussion. C'est souvent payant ! Autre astuce : si vous trouvez un argument allant dans votre sens dans une revue professionnelle qui constitue la « bible » de votre patron, n'hésitez pas à y faire référence.

toujours favorablement. Si je ne peux pas me rendre disponible dans l'instant, je lui fixe un rendez-vous pour qu'il puisse me parler de ce qui lui pose problème. »

## Faire tomber les barrières

**_Jacques Eliard_** précise pour autant que « laisser sa porte ouverte comme preuve de sa disponibilité ne suffit pas toujours. En effet, elle reste parfois fermée dans la tête des gens, en raison de leur perception du statut du chef. Pour la changer, le manager devra aussi souvent qu'il le jugera nécessaire démontrer qu'il n'y a pas de barrières infranchissables en les invitant régulièrement à discuter dans son bureau, de manière informelle ».

## En quoi un manager peut-il être un exemple ?

**Faites comme je dis et ne faites pas comme je fais ! Une ligne de conduite bien pratique, mais qui révèle vite ses limites.**

### Une équipe calque son attitude sur celle de son manager

- ***Pour Jacques Eliard,*** c'est une évidence : « Un manager habitué des colères noires, des décisions arbitraires ou encore des intrigues de couloirs pourra toujours exiger de son équipe de vivre en parfaite harmonie. Donnant lui-même le mauvais exemple, il ne devra pas s'étonner que son service soit un foyer de discorde permanent. En effet, la communication passe, avant tout, par ce que l'on est. »

### Limiter les tendances à l'imitation

- Une vision partagée par ***Louis-Michel Nivôse.*** « Si le patron d'une direction technique a l'habitude de dénigrer à haute voix et à tout propos le service maintenance, à coup sûr les membres de son équipe auront tendance à l'imiter. »

### Une attitude « réglo »

***Liliane Heintz,*** **coach indépendante,** ajoute qu'un manager « réglo », « c'est celui qui n'a qu'une parole, qui s'engage sur des choses qu'il sait pouvoir tenir. Bref, quelqu'un qui ne fait pas de promesses en l'air ».

### *Mettre fin à une tentative de déstabilisation*

« Plutôt que de provoquer un conflit ouvert, certains préfèrent pratiquer la guérilla. « Pour ce faire, ils repèrent les vulnérabilités de ceux qu'ils souhaitent attaquer, *explique Lionel Bellenger, directeur général adjoint du cabinet Centor Idep.* Ensuite ils exploitent ces failles, de manière à déstabiliser leur adversaire. Lorsque l'on est témoin de tels agissements, il faut y mettre fin sans tarder. Par exemple, si pour la troisième fois en réunion, un collègue met en cause sans le dire clairement le travail d'un de vos collaborateurs, il faut intervenir et dire : "Sans le dire vraiment, j'ai l'impression que vous remettez en cause les compétences de monsieur Untel. C'est bien ce qu'il fallait que je comprenne?" Ou alors : "Vous critiquez le travail des commerciaux. Où voulez-vous en venir?" Le but de ces interventions? Lui faire comprendre que l'on n'est pas dupe de ses réflexions fielleuses. Il est probable qu'il cessera ses agissements. » »

## Pourquoi faut-il prendre conscience des individualités ?

**Lors de la constitution d'une équipe, les erreurs de casting peuvent être fatales.**

### Ne pas mettre en danger l'harmonie d'une équipe

- ***Pour Romain Bureau,*** du cabinet conseil IDRH, cette attention à porter sur la personnalité de chacun doit s'exercer dès le recrutement. « À l'impossible, nul n'est tenu! Il est illusoire de penser que l'on peut intégrer facilement une personne qui a des valeurs, des manières de se comporter et de réagir diamétralement opposées à celles d'une équipe déjà existante. On peut néanmoins tenter la greffe, mais en gardant à l'esprit que l'on met en danger l'harmonie de l'équipe. »

## *Un stage antirépétition*

**« On m'adresse souvent des managers qui ont pu connaître au cours de leur carrière plusieurs conflits. À un moment donné de leur vie professionnelle, un directeur des ressources humaines ou un patron opérationnel peut se demander si ces conflits ont un lien entre eux. À eux d'alerter les managers concernés, qui souvent ne sont pas conscients du fait qu'un scénario se répète, nuisible à leur parcours, *explique la psychologue Béatrice Abeille-Robin*. À la demande de leur employeur, je leur propose de faire une analyse de ces différents conflits sous un angle très précis : celui de ce fil conducteur inconscient qui les guide. Ainsi, certaines situations ou personnes engendrent une résonance avec un conflit psychique qui prend ses racines dans l'enfance. Il suffit que les mêmes ingrédients surviennent pour que le scénario se mette en marche. Il est essentiel que l'entreprise soit lucide sur les différents types de conflits : ceux qu'elle peut générer structurellement et ceux qui ont une origine plus individuelle. Cette sensibilité permet de régler les conflits plus sainement et de pouvoir en éviter certains. »**

## Associer des caractères complémentaires

- ***Béatrice Abeille-Robin ajoute*** que « d'une constitution d'équipe mal pensée, découleront sans aucun doute des conflits. La raison ? Une mauvaise complémentarité entre les individus. Imaginons que l'on fasse travailler ensemble deux personnes aimant toutes les deux être sur le devant de la scène, elles vont en permanence tenter de tirer la couverture à elles. Il aurait été préférable d'associer à l'une d'entre elles un homme de dossier préférant rester dans l'ombre ».

## Tenir compte du caractère de chacun pour viser juste

- Autre exemple avancé par ***Mireille Brahic,*** **consultante et animatrice de formation dans le domaine de la communication et**

## Mon service est perturbé par la rumeur. Que faire ?

Les rumeurs sont inhérentes à la vie en entreprise. Mais, elles peuvent s'avérer déstabilisantes et faire naître des conflits inutiles. Comment les limiter?

● ***Remonter à la source***

Il ne faut pas mépriser une rumeur en se disant par exemple : « Comment peuvent-ils croire une chose pareille ? » Il est important de prendre le temps de comprendre comment elle a pu naître. Parfois le doute s'insinue simplement parce qu'une information a été mal comprise.

● ***Identifier les auteurs***

Une rumeur est souvent lancée avec une volonté de nuire. Dans ce cas-là, il faut se demander à qui profite le crime ! Une fois le coupable identifié, il faut agir : soit vous avez une explication franche avec lui, soit vous « mouillez » vos supérieurs en leur demandant d'intervenir.

● ***Couper court***

Si une rumeur persiste, il ne faut pas la laisser se propager sans réagir. Si la grogne monte et que l'explosion est imminente, organisez une réunion d'information et parlez clair, pour rassurer. Si la perturbation est moins précise, trouvez des « relais d'opinion » dans l'entreprise et chargez-les de répandre la bonne parole.

● ***Jouer le jeu de la vérité***

On murmure que vous avez une réputation de coupeur de têtes ? Réunissez votre équipe et expliquez que vous êtes en effet là pour redresser une situation difficile et réorganiser le service. Une nouvelle difficile à digérer, certes, mais il faut savoir que la vérité a toujours tendance à faire baisser l'anxiété.

**de l'organisation du travail :** « S'il y a dans son équipe une personne particulièrement réactive, dont la patience n'est pas une des qualités premières, on évitera de la faire collaborer avec quelqu'un de nonchalant ou apathique. Par ailleurs, un caractère irritable n'aura pas besoin de grand-chose pour s'énerver, c'est certain. Mais, il le sera systématiquement s'il doit travailler avec ceux dont le caractère est pacifique parce qu'il verra dans ce flegme des signes de faiblesse ou de mollesse. Comprendre le caractère de ses collaborateurs permet de viser juste : les employer à un poste qui leur convient, leur présenter les choses de manière qu'ils comprennent. »

## Comment bien aborder le challenge ?

**Quand on veut obtenir le meilleur de ses troupes, mieux vaut utiliser l'émulation que la compétition, génératrice de bisbilles.**

### Éviter de générer des jalousies stériles

- Face à un défi à relever pour une équipe, ***Béatrice Abeille-Robin met en garde :*** « Mieux vaut pratiquer l'émulation que la compétition. Quand la seconde est génératrice de jalousie car elle suppose le "choc des ego", la première, en revanche, les emmène vers un but commun et crée ainsi une équipe soudée. On ne se surpasse pas pour faire mieux que son voisin mais plutôt pour faire mieux ensemble. »

## Comment éviter l'effet « cocotte-minute » ?

**Si la mise sous tension a du bon, il faut l'appréhender avec mesure et l'utiliser à bon escient.**

### Une pression à durée déterminée

- ***Pour Louis-Michel Nivôse,*** on ne peut pas imposer une pression permanente : « Devant un défi à relever, la logique d'équipe veut qu'il y ait entraînement. Au démarrage, la pression est à son comble. Mais, cette dernière ne peut pas être éternellement maintenue à son niveau maximum, au risque de provoquer une

### Limiter les urgences pour ménager ses nerfs

« Une réunion imprévue ou un dossier qui vous tombe dessus au dernier moment… On a parfois tendance à considérer que tout est urgent, *constate Mireille Brahic, consultante et animatrice de formation dans le domaine de la communication et de l'organisation du travail.* Du coup, on passe d'une tâche à l'autre, on se disperse… Et, on finit immanquablement par s'énerver ! Pour éviter de tomber dans cette spirale infernale, il ne faut pas tout accepter. Conseils : se réserver du temps pour soi, fermer la porte de son bureau (quand c'est possible !), mettre son téléphone sur messagerie ou encore annoncer, au début d'un rendez-vous, le temps que l'on a prévu de lui consacrer. Pour ménager ses nerfs de manière durable, il faut aussi étudier son organisation. Car, en la matière, il est des principes pervers plus ou moins conscients comme : "D'abord, le facile, puis le difficile" ou "d'abord ce qu'on me demande, puis après ce que j'estime devoir faire" ou "je commence un peu tout, ce sera déjà ça de fait"… Au final, rien de plus agaçant que de ne pas savoir précisément où l'on en est dans un dossier ou de passer du temps à retrouver une information qui nous manque. Pour s'en prémunir : un planning mural clair, la hiérarchisation des objectifs que l'on doit tenir et la planification de ses tâches, sans oublier un basique, des dossiers bien classés ! »

explosion. Le manager doit donc indiquer à son équipe un terme, autrement dit le moment où il sera possible de souffler. »

## Positiver la pression

- Pour maintenir une pression positive, ***Christophe Rocher*** a sa technique. « En ce moment, sur un axe de développement, nous avons des objectifs que nous avons du mal à tenir. Pour motiver mon équipe, je préfère faire d'abord état de ce qui a déjà été fait, de montrer ma satisfaction. Je leur dis : "Je sais que c'est difficile, vous avez vraiment bien bossé puisqu'on a presque atteint la moitié de l'objectif. Ceci dit, il faut continuer à monter en puissance et nous

## Un outil : le baromètre social

● Les temps où l'enquête d'opinion interne servait uniquement à mesurer le moral des troupes sont révolus. Aujourd'hui, ce moral fait, certes, toujours l'objet de la plus grande attention de la part des entreprises, politique de fidélisation oblige, mais il est devenu un sujet à mesurer parmi quantité d'autres. L'objectif ? Identifier les problèmes dans la gestion des ressources humaines et dans l'organisation pour, ensuite, rectifier le tir. Bref, les entreprises ne mesurent plus seulement la satisfaction, mais recueillent les attentes des salariés. Ces enquêtes internes sont devenues des outils de pilotage de la performance. Les entreprises les utilisent tour à tour pour mesurer le sentiment d'appartenance de leurs salariés, évaluer l'efficacité de leur politique de communication, vérifier la bonne adéquation de la stratégie de l'entreprise avec celle, plus personnelle, des collaborateurs, gérer un changement ou encore évaluer le degré de compréhension des actions engagées. Car les enjeux sont de taille. Les orientations stratégiques d'une entreprise impliquent toujours l'adoption de nouveaux comportements. Mais encore faut-il qu'elles soient bien perçues par la base.

● Devant cet enrichissement de la demande, les baromètres sont de plus en plus sophistiqués et s'accompagnent bien souvent de processus d'audit. Ainsi, avant de passer à une mesure quantitative du climat social, une étude préalable, donc qualitative, est souvent engagée. Une étape jugée essentielle par les professionnels pour comprendre le ressort de la formation des opinions. Elle prend la forme de réunions de groupe, d'entretiens ou d'observations socio-ethnologiques. Car le déclaratif ne fait pas tout. Ainsi, pour les besoins d'une enquête réalisée auprès des 25 000 conducteurs de train de la SNCF, les consultants de Sociovision Cofremca ont vécu, avec certains d'entre eux, à bord des machines pendant plusieurs jours. Autant d'informations qui aideront à la construction du questionnaire, distribué selon le cahier des charges. Par ailleurs, les

**organismes spécialisés proposent des formations à l'exploitation de l'étude, destinées aux personnels des ressources humaines, la construction de tableaux de diagnostic et des plans de communication. Car pour motiver les salariés à participer à ces enquêtes internes, la direction de l'entreprise a besoin de susciter l'adhésion.**

y arriverons." Plutôt que de pointer du doigt l'immensité de la tâche qu'il reste à accomplir en disant : "Ça ne va pas. En six mois, nous n'avons même pas atteint la moitié de l'objectif, il faut changer de rythme sinon, on n'y arrivera pas", je préfère insister d'abord sur ce qui a été accompli, montrer ma reconnaissance. »

## Distinguer ce qui est urgent de ce qui ne l'est pas

- ***De son côté, Mireille Brahic souligne*** que la notion d'urgence n'est pas claire pour tout le monde. « En effet, il y a des degrés dans l'urgence, parfois difficiles à appréhender. Certaines urgences sont réellement vitales. Exemple : la production est arrêtée à cause de pièces bloquées en douane, faute d'un document administratif manquant au dossier. Toutes affaires cessantes, il faut contacter l'administration en question. Viennent ensuite les urgences qui ne le sont pas tout à fait. Illustration : on vous a demandé de rédiger le compte-rendu du dernier comité de pilotage, il n'est pas nécessaire de s'y mettre le soir même. Il pourra être dressé le lendemain. Mais pas dans une semaine... Enfin, il y a ces prétendues urgences qui ne sont, en fait, que des imprévus ne nécessitant pas un traitement immédiat. Exemple : votre supérieur vous fait passer un dossier "à traiter en toute urgence". Mais il classe dans cette catégorie tout ce qu'il vous confie. Pas de panique, il suffira alors de lui trouver une place dans votre planning de la semaine. Ne pas prendre conscience que tout ne relève pas de l'urgence absolue, c'est s'imposer inutilement une pression qui, à terme, devient invivable et vous rendra à coup sûr insupportable à vivre. »

# Maîtriser ses réactions

## Comment se raisonner pour ne pas exploser ?

**Objectiver les situations, prendre du recul avant de réagir, ne pas voir d'attaques personnelles dans toute critique : telle est la conduite à tenir pour éviter les conflits.**

### S'en tenir à des éléments objectifs

- ***Pour Jean-Marc Chaintron,*** il est possible de limiter les dégâts en prenant conscience, tout d'abord, que le conflit est souvent fondé sur des peurs (manque de confiance, incapacité), et donc sur des éléments irrationnels et subjectifs. « Au moment où l'on sent que l'on risque de déraper, il faut s'astreindre à revenir à des éléments objectifs. Comment faire pour y parvenir ? Surtout, ne pas dramatiser. Autrement dit, il faut s'arrêter et tout remettre à plat avant de prononcer des paroles qui risquent de dépasser votre pensée. Si le travail du collègue avec qui vous collaborez sur un dossier précis vous semble peu satisfaisant et met en danger la réussite du projet, plutôt que de provoquer une explication houleuse, faites d'abord un point précis : où en est vraiment ce fameux dossier ? Qu'avez-vous fait et qu'a fait votre collègue ? Que reste-t-il à faire ? Comment faire pour l'aider ? Vous allez peut-être vous rendre compte que si vous lui étiez tombé dessus sans ménagement, vous le regretteriez maintenant amèrement. »

### Prendre du recul

- « L'exercice n'est pas toujours simple, ***poursuit Jean-Marc Chaintron.*** Surtout lorsque l'on est responsable d'une équipe, et donc seul maître à bord. On peut vite devenir parano. La prise de recul

### *Les faits, rien que les faits !*

« Pas toujours facile, quand un collègue fait preuve d'une attitude cavalière à votre égard, de ne pas exploser. *Selon Jean-Louis Muller*, il est pourtant possible de montrer qu'il vous doit le respect, sans pour autant s'énerver. « Cette situation est relativement courante. Exemple : vous avez rendez-vous avec un collègue à 9 heures. Il arrive à 9 heures 30 sans avoir prévenu de son retard. Si vous vous mettez immédiatement au travail sans rien dire, vous allez ressentir une frustration grandissante qui va parasiter la réunion. Si vous lui dites de but en blanc "Tu es vraiment un emmerdeur !", vous risquez de provoquer un conflit pour un fait qui ne nécessitait pas d'en arriver à une telle extrémité. Autre optique pour lui faire comprendre que vous n'appréciez pas son attitude : vous en tenir aux faits. Vous pourrez ainsi lui expliquer : "Tu es arrivé à 9 heures 30 au lieu de 9 heures, il ne reste donc plus qu'une heure de réunion au lieu de l'heure et demie prévue au départ. il y a six réunions prévues pour boucler ce dossier. Si, à chaque fois, tu arrives avec une demi-heure de retard, nous n'allons pas y arriver. Or, notre but à tous les deux, c'est bien de boucler le dossier dans les délais. Ce serait donc bien que tu fasses un effort les prochaines fois." Avec cette approche, tout jugement de valeur est banni, on s'en tient strictement aux faits et on rappelle l'objectif commun. » »

consiste aussi, lorsqu'un collaborateur résiste ou discute vos consignes, à se garder de diaboliser cette personne contestataire. Une remise en question de nos propres peurs et de notre insuffisance s'avère bénéfique. Ce que nous ne supportons justement pas chez autrui, c'est bien cette partie de nous-même qui nous dérange. »

## Ne pas prendre les critiques pour soi

- ***Jean-Louis Muller ajoute*** pour sa part qu'il faut se garder de tout prendre pour soi. Comment ? « En intégrant le fait qu'une critique n'est pas adressée à sa propre personne, mais à ce que l'on représente aux yeux de l'autre, sa fonction, son statut… Par exemple, un agent du Trésor public se fait régulièrement insulter parce qu'il personnifie les impôts, un chef d'équipe va cristalliser les reproches de ses ouvriers parce qu'il incarne la hiérarchie… Dans tous les cas, il ne faut pas y voir des attaques personnelles. »

## Comment garder son calme en toutes circonstances ?

**Les occasions de perdre son sang-froid ne manquent pas. Attention à ne pas se laisser piéger.**

### Prendre les devants

- Un client insatisfait qui vous agresse, un collaborateur qui vous fait faux bond en plein rush, des objectifs impossible à tenir, un collègue qui vous met des bâtons dans les roues… ***Pour Mireille Brahic,*** les occasions de s'emporter ne manquent pas. « Pour garder son sang-froid, il faut commencer par apprendre à discerner ce qui nous met hors de nous et à reconnaître les signes de colère dès qu'ils commencent à se manifester. Inutile de perdre son énergie à essayer d'agir sur le comportement des autres, il faut rester concentré sur soi. Si, en plus, on est du genre à être agacé par un rien, mieux vaut prévenir que guérir ! Par exemple, en expliquant clairement à son collègue quelle part de responsabilité on accepte de prendre sur le dossier à gérer en commun ou, encore, en évitant de promettre une chose à l'un et son contraire à l'autre. »

### Laisser passer l'orage

- « Un interlocuteur en colère ? C'est son problème et rien ne vous oblige à l'imiter, ***complète Mireille Brahic.*** Si vous l'interrompez, ce sera l'escalade et vous allez à votre tour finir par vous énerver.

### *Stopper l'escalade symétrique*

« Imaginez ce dialogue entre deux opérateurs :
— « Moi je te dis qu'il faut procéder de cette manière pour fabriquer correctement la pièce. »
— « Moi je fais comme ça depuis toujours. »
— « Ca va pas la tête ! »
— « T'es nul, tu devrais connaître les normes AFNOR. »
— « C'est toi qui es nul, maintenant on utilise les normes ISO. »
.... Et ce qui devait arriver arriva...
— « Ah ouais, l'autre jour j'ai vu ta fille en compagnie d'un type pas très recommandable ! »

En quelques minutes, ces deux opérateurs en sont venus à s'insulter alors qu'au départ, il ne s'agissait que d'un simple désaccord. C'est ce que *Jean-Louis Muller* appelle une escalade symétrique dont la caractéristique est de conduire deux individus à monter d'un cran, à chaque échange, dans la violence de leurs propos. Le danger? Que la situation échappe à tout contrôle et débouche sur des attaques personnelles, sans rapport avec l'objet du désaccord initial. « Pour arrêter l'escalade, il faut être capable de couper court très tôt, lorsque l'on sent que cela dérape, *avertit Jean-Louis Muller.* Il aurait fallu plutôt dire : “Toi, tu procèdes de cette manière, moi je préfère travailler de cette manière. Ceci étant dit, notre objectif commun est de réaliser au mieux ce travail. À nous deux, nous pouvons être très performants.” » »

Il est préférable de laisser passer l'orage et d'écouter jusqu'au bout ce qu'il a à dire. Ensuite, expliquez à ce mécontent que vous avez compris l'objet de sa colère. Un bon moyen pour éviter de sombrer dans une hystérie qui ne résoudra rien ! »

## Existe-t-il des méthodes pour ne pas se laisser entraîner vers un conflit ?

**Une bonne maîtrise de soi et un peu d'astuce suffisent parfois pour se sortir de situations inconfortables.**

### Un break pour faire baisser les tensions

Les tensions au travail sont telles qu'elles s'exportent souvent dans notre vie privée. Il est pourtant possible de faire le vide, une fois la porte du bureau refermée. L'opération est salutaire : elle soulage le stress ambiant et détourne notre concentration, qui mérite de faire des pauses de temps en temps.

Voici quelques astuces.

➜ Éviter de ressasser. En clair : s'interdire, passée la porte de votre bureau, de penser boulot et à la pile de dossiers qui reste à traiter.

➜ Dans la rue, être attentif au monde qui nous entoure : le visage des passants, la vitrine des commerces, les arbres, la façade des immeubles... Faire jouer ses sens en captant les odeurs et en étant attentif aux bruits de la ville.

➜ À pied, ralentir la cadence.

➜ Dans les transports en commun, occuper son esprit à ce que l'on aime : un bon bouquin, des mots croisés, les pages d'un magazine. Et surtout pas à la relecture du rapport à rendre demain à son chef !

➜ Coincé dans les embouteillages, écouter des morceaux choisis d'interprètes, musiciens ou comiques de son choix.

➜ Une fois chez soi, se changer : ranger son costume et son tailleur au placard et opter pour une tenue décontractée.

## Coopérer sans céder sur l'essentiel

- ***Jean-Louis Muller évoque*** la « méthode coopérative » qui peut prendre différentes formes. « Elle consiste à ne pas se faire entraîner sur le terrain de la discorde. Et ne pas tomber dans un fonctionnement manichéen : "J'ai raison/tu as tort." Face à quelqu'un qui raisonne bêtement en avançant "si vous n'êtes pas avec moi, vous êtes contre moi", il ne s'agit pas de s'avouer vaincu. Répondre plutôt : "C'est vrai, je ne suis pas d'accord sur tout avec vous, mais je souhaite cependant continuer à travailler avec vous." Autre cas de figure : quand il faut faire face à une rafale de critiques, inutile de chercher à contre-argumenter après chaque critique au risque de s'essouffler et d'entrer, de part et d'autre, dans une escalade à base de "oui, mais...". Il faut plutôt dire : "Je n'arrive pas à vous suivre. Vos critiques sont peut-être fondées ; laissez-moi le temps d'en prendre note, j'y répondrai après réflexion. D'ailleurs, quelle était votre première observation ?" »

### Faites le sphinx !

- La méthode dite « du sphinx » fait également partie de la boîte à outils de ***Jean-Louis Muller.*** « Celle-ci a trait à la posture à adopter pour faire face, sereinement, à des événements déstabilisateurs, tels que des critiques injustifiées ou une réunion houleuse. Lors d'un face-à-face, où chaque protagoniste est debout, il est conseillé de rester bien à plat sur ses pieds, en position d'équilibre stable. À l'inverse, en position assise, gardez le dos entièrement calé sur votre siège, respirez lentement et posément, regardez votre interlocuteur bien en face et faites un léger "oui" de la tête à l'énoncé de chacune de ses critiques. Une manière discrète de lui signifier : "J'ai compris ce que vous me dites." Ce qui ne veut pas dire : "Je suis d'accord." »

## Y a-t-il des astuces de langage ?

**Si certains mots ou certaines tournures de phrases peuvent déclencher les hostilités, d'autres, en revanche, ont tendance à calmer le jeu.**

### Ne pas se montrer inutilement blessant

- « Il y a des choses qui semblent évidentes, ***remarque Jean-Marc Chaintron.*** Par exemple, il va de soi qu'il est préférable de dire à quelqu'un avec qui l'on est en désaccord : "Je ne suis pas d'accord

## Les mots pour le dire

***Pour Mireille Brahic, animatrice de formation dans le domaine de la communication et de l'organisation du travail***, il est des réponses constructives et d'autres qui mènent droit au conflit.

| | Il vous dit | Ne pas répondre | Répondre |
|---|---|---|---|
| Critique des idées | • C'est nul ce que tu dis !<br>• De toute façon je n'en tiendrai pas compte ! | • T'as rien compris !<br>• Tu as tort !<br>• C'est dans ton intérêt pourtant !<br>• Même pas vrai ! | • Je pense au contraire que…<br>• C'est ton opinion.<br>• Tu as le droit de penser autrement. |
| Critique du comportement | • Fais bien attention, on n'est jamais assez prudent…<br>• Quel ringard avec ton polo à rayures !<br>• Tu ne vas pas manger ça, c'est dégoûtant !<br>• T'as encore tout fait de travers, t'es bon à rien. | • T'es un abruti !<br>• T'es bon pour Sainte-Anne !<br>• Non mais, tu t'es vu !<br>• Toi-même ! | • J'en ai marre d'entendre toujours ce même refrain.<br>• Ce vêtement me convient parfaitement.<br>• Moi, j'aime beaucoup ce plat !<br>• Je n'avais sans doute pas compris ce qu'il fallait faire ; pourrais-tu m'expliquer ? |

avec toi ", plutôt que "tu as tort". De même, il est plus constructif d'avancer "ce n'est pas ce que j'avais demandé" plutôt que "tu es un imbécile!" qui risque de provoquer une rupture définitive du dialogue. »

## Éviter le côté « petit chef »

- « Même la manière de tourner ses phrases a son importance, ***selon Jean-Louis Muller.*** Ainsi, devant un collaborateur particulièrement

## *Je n'ai pas le sens de la diplomatie, mais je me soigne !*

**Vous avez une fâcheuse tendance à donner votre opinion à tout bout de champ, de préférence sans y mettre les formes, déclenchant régulièrement des disputes stériles ? Voilà quelques conseils pour y remédier.**

**• *D'abord... se taire.* Plutôt que de partir bille en tête pour exprimer une opinion ou un désaccord, commencez par vous taire ! Écoutez votre interlocuteur. Ainsi, vous vous donnerez le temps d'analyser et de comprendre ce qu'il veut vraiment dire. Vous pourrez aussi identifier les points d'accord.**

**• *S'interdire le style impératif.* Pour ne pas multiplier les occasions de vous rendre insupportable et de froisser inutilement les susceptibilités, bannissez de votre vocabulaire les impératifs, optez plutôt pour un style participatif. Au lieu de dire : « Je veux ce dossier sur mon bureau ce soir au plus tard », dites plutôt : « Cela m'arrangerait que ce dossier soit sur mon bureau ce soir. » Et pourquoi ne pas demander : « Peux-tu me remettre ce dossier ce soir ? »**

**• *Apprendre à se relaxer.* Pour éviter les jugements à l'emporte-pièce et les mots blessants, il peut être utile d'apprendre à maîtriser sa respiration et à contrôler son débit verbal ; cela permet d'acquérir un comportement plus serein. Utile aussi : regarder ses interlocuteurs droit dans les yeux. Vous leur signifiez ainsi que l'échange est fondé sur l'écoute et le respect. Un bon début pour éviter les conflits inutiles !**

susceptible, mieux vaut s'abstenir de mettre en avant des signes extérieurs d'autorité. Il est préférable d'user d'un "Tu pourrais prendre en charge ce dossier", plutôt que d'un "Il faut que tu prennes en charge ce dossier". »

## La méthode « Je »

« L'emploi de la première personne du singulier contribue à diminuer les risques de conflits, ***ajoute Jean-Louis Muller***. Un exemple :

je raconte à un collègue : "Je suis allé voir *Les Choristes* hier soir, c'est vraiment très bien." Le soir même, celui-ci va voir le film et s'y ennuie et ne peut s'empêcher de ruminer : "Ce Jean-Louis, il m'a vraiment fait perdre mon temps !" Conclusion, j'aurais été bien inspiré de donner mon avis sous une autre forme : "J'ai beaucoup aimé *Les Choristes*." Tout est dans le "je". D'ailleurs, la première personne s'impose aussi dans le cadre du travail. Si une personne s'est mal comportée face à un client, il est préférable de lui dire : "J'ai été choqué par ton attitude" plutôt que "ton attitude est scandaleuse". »

Partie 3

# Régler les conflits

Votre supérieur vient de vous hurler dessus sans raison apparente ; un collègue vous a dit sa façon de penser devant tout le monde puis vous ignore ostensiblement ; vous avez explosé quand le directeur commercial vous a fixé des objectifs que vous estimez inatteignables ; un de vos plus gros clients vous a raccroché au nez et vous avez passé vos nerfs sur votre assistante… Bref, vous êtes embarqué dans un conflit. Deux choix s'offrent à vous : laisser la situation perdurer, au risque qu'elle s'envenime, ou prendre les choses en main. Démarche pas toujours aisée car cela nécessite de prendre sur soi, et, le cas échéant, mettre son orgueil de côté. Si vous n'y êtes pas prêt, laissez retomber la pression, analysez la situation de la manière la plus objective possible, avant de réagir. Et, si votre relation avec votre adversaire est trop dégradée pour tenter quoi que ce soit, faites appel à un tiers pour débloquer la situation !

***MORCEAUX CHOISIS***

- « Il est essentiel de détecter les conflits le plus tôt possible. »
- « Dans un conflit, il est rare que les responsabilités ne soient pas partagées. »
- « Un conflit est une sonnette d'alarme qui a été tirée. »
- « On ne lutte pas de la même façon selon que l'on a quelqu'un de plus fort, d'égal ou de plus faible en face de soi. »
- « Les gagnants d'un conflit sont ceux qui ont identifié ce qu'ils pouvaient perdre. »

# Etablir le bon diagnostic

## Pourquoi prendre la pleine mesure d'un conflit sans tarder ?

**La politique de l'autruche ne paie pas. Bien au contraire !**

### Réagir sans tarder

- ***Liliane Heintz,*** **coach indépendante,** prévient : « Il est essentiel de détecter les conflits le plus tôt possible. Il ne faut pas espérer qu'un différend s'éteindra de lui-même. Car, non seulement il va perdurer, mais il est fort à parier qu'il va prendre de l'ampleur. Il va de soit qu'un conflit est plus simple à régler lorsqu'il est pris à ses prémices. »

### Ne pas laisser s'envenimer la situation

- ***Pour Jacques Eliard,*** **associé de i-Lead Systems,** « dès que l'on détecte les premiers signes d'une situation inconfortable, un conseil : prendre le taureau par les cornes et ne pas laisser s'envenimer une situation. Surtout lorsque l'on sait qu'une atmosphère explosive place les individus dans un état émotionnel tel qu'ils ne sont plus en mesure de donner le meilleur d'eux-mêmes. Et pour cause : ils dépensent toute leur énergie dans une attitude de défense qui se traduit soit par la fuite, soit par le combat ».

## Pourquoi est-il si difficile d'accepter l'existence des conflits ?

**Parce qu'on a peur de détériorer ses rapports avec les autres, parce qu'on y voit une preuve de ses propres défaillances, il n'est pas toujours facile de reconnaître la réalité d'un conflit.**

### *Conflit et agressivité : les signes avant-coureurs*

**Il suffit parfois d'observer attentivement votre interlocuteur pour s'apercevoir que vous allez droit au conflit. Voilà les principaux indices annonçant que votre interlocuteur va exploser ! S'il présente plusieurs de ces signes, attention, tous aux abris...**

**→ Rougeur ou pâleur du visage.**
**→ Sueur visible.**
**→ Démarche mécanique.**
**→ Mâchoire et poings serrés.**
**→ Visage grimaçant.**
**→ Gestes exagérés ou violents.**
**→ Parole scandée ou voix trop élevée.**
**→ Respiration rapide ou peu profonde.**
**→ Air maussade et méprisant.**
**→ Regard furieux ou évasif.**
**→ Empiétement sur l'espace personnel.**

*Source : Centre canadien d'hygiène et de sécurité au travail.*

## Accepter d'entrer dans une zone d'incertitude

**○ *Pascal Bouëte,*** dirigeant fondateur d'Estives, société spécialisée dans le marketing opérationnel, avance plusieurs explications. « Les individus appréhendent le fait de regarder un conflit en face pour diverses raisons : d'abord, parce qu'un conflit met en scène des relations humaines et qu'en y entrant on s'aventure dans une zone d'incertitude. Normal, il n'y a rien de plus compliqué à gérer que l'humain. On se dit aussi qu'en voulant résoudre un problème, on va être obligé de demander des explications, ce qui risque de crisper la relation. Pour beaucoup, conflit rime avec rupture. En fait, on sait mieux gérer le contournement que l'affrontement. Autre explication : reconnaître qu'il y a conflit, c'est admettre qu'on a dû mal gérer une situation. Pas étonnant donc que les managers fassent tout pour éviter les conflits quand leur leitmotiv c'est prévenir, gérer, anticiper, prévoir ! Alors qu'il suffirait de considérer le conflit comme un moment de passage qui va permettre de remettre les choses à plat et de revenir à une situation plus harmonieuse. »

### Accepter sa part de responsabilité

- ***Béatrice Abeille-Robin,* psychologue clinicienne,** complète l'explication. « Dans un conflit, il est rare que les responsabilités ne soient pas partagées. Et c'est justement cette part de responsabilité qu'il est difficile d'accepter. Ainsi, il n'est jamais évident d'admettre que l'on a causé des torts ou que l'on a été l'auteur de quelque chose de négatif. C'est aussi la violence qui se manifeste en retour qui est mal vécue. »

## Quelle est la démarche qui permet de dresser l'état des lieux d'une crise ?

**Un rappel des faits exhaustif est un préalable lorsque l'on s'attaque à la résolution d'un conflit.**

### Décortiquer l'enchaînement des événements

- Pour bien comprendre le nœud du problème, ***Louis-Michel Nivôse,* directeur des ressources humaines de la CaixaBank,** prend pour point de départ « l'arbre des causes » : « Il s'agit, devant chaque dysfonctionnement, de se dire : "Voilà le problème", et de remonter : "Comment en est-on arrivé là ?" ; "Qu'est-ce qui a provoqué cette situation ?" En clair, on décortique l'enchaînement des événements. »

### Fractionner l'objet des hostilités

- ***Pour Liliane Heintz,*** il faut prendre conscience qu'un clash n'est jamais un élément que l'on peut appréhender de manière isolée.

### *Ne pas se jeter à corps perdu dans la résolution du conflit*

« ***Pour Emmanuelle Tran Thanh Tam et Tea Lucas de Pesloüan, respectivement directrice et consultante d'Acyan, cabinet spécialisé dans la prévention et la gestion de crise,*** **la précipitation constitue une réaction courante lorsque l'on se retrouve face à un conflit. « Dans une crise, réagir par l'action, sans même prendre le temps de la réflexion, a un effet calmant. Pourquoi ? Parce qu'on a l'impression d'être utile alors que parfois ce n'est qu'une illusion. Partir tête baissée nous empêche de prendre le recul qui s'impose. On se plonge dans l'action en pensant gagner du temps, alors qu'il aurait fallu en consacrer davantage à l'analyse, quitte à en perdre un peu au début de la crise. »** »

« Un conflit est une sonnette d'alarme qui a été tirée. Il y a toujours des ramifications multiples. Pour en prendre la pleine mesure, il faut commencer à identifier différents paramètres : quels sont les faits tangibles ? En présence de quel type d'intérêts contradictoires sommes-nous ? Ceci mis à plat, il faut poursuivre en fractionnant l'objet des hostilités. Ensuite, pour se placer dans une perspective de résolution, on prend de la hauteur en réfléchissant, par exemple, à l'équipe et aux individualités qui la composent, au présent et à l'avenir, à la stratégie de l'entreprise et aux ambitions personnelles de chacun. »

## Prendre en compte la psychologie des protagonistes

- ***Quant à Béatrice Abeille-Robin,*** psychologue clinicienne, elle confirme la nécessité de réaliser un historique du conflit. « Il faut se demander comment nous avons pu en arriver là et comment nous avons laissé les choses dériver ainsi. Sans oublier de tenir compte de la psychologie de chacun des protagonistes, éclairage complémentaire pour la compréhension du conflit. »

## Sur quels éléments doit-on se focaliser ?

**Les faits, rien que les faits ! Qui veut parvenir à faire une analyse objective de la situation doit se méfier de tout ce qui l'éloigne du rationnel.**

### Faire un constat objectif de la situation

- ***Jean-Pierre Veyrat,*** dirigeant de Negorisk, cabinet spécialisé dans la négociation conflictuelle et le management de crise recommande de « débuter le diagnostic d'un conflit par un constat objectif des faits, en écartant autant que faire se peut les opinions personnelles. Autrement dit, il convient de ne prendre en compte que ce dont on est sûr. Exit les ouï-dire, les rumeurs et tout ce que l'on n'a pas vérifié. Par ailleurs, autant éviter d'enfoncer des portes ouvertes en faisant le constat de faits sur lesquels tout le monde s'accorde. Enfin, il faut clairement faire part de son intention de résoudre la crise. »

### Évacuer les aspects émotionnels

- ***Liliane Heintz,*** coach indépendante, confirme qu'il faut s'en tenir aux faits. « Pour aboutir à une analyse rationnelle de la situation, il est indispensable d'évacuer tout l'émotionnel intrinsèque au conflit. »

## Dans quels pièges faut-il éviter de tomber ?

**Exagération des faits, personnalisation à outrance... Méfiance ! Pour ne pas donner à un conflit plus d'importance qu'il n'en a, mieux vaut dépassionner le débat.**

## Ne pas dramatiser

- « La dramatisation constitue l'un des premiers pièges, ***signale Jean-Marc Chaintron,*** **gérant associé du cabinet RHE (Ressources Humaines Environnement).** Une précaution : évacuer les peurs pour éviter d'entrer dans l'irrationnel et donc rester réaliste. Exemple : on se rend compte que l'un de ses collègues s'est payé un bon repas aux frais de la société. Ce n'est pour autant qu'il faille tout de suite penser : "Qui vole un œuf vole un bœuf !" Pas de panique, il a gonflé une note de frais, cela n'en fait pas un délinquant en puissance qui, demain, partira peut-être avec la caisse. Cette attitude consistant à dédramatiser certaines situations ne signifie pas tomber dans un autre travers, le laxisme. Rien n'empêche de dire à votre collègue, d'une part, que l'on est au courant de son acte et, d'autre part, que l'on ne cautionne pas de tels agissements dont il aura à assumer la responsabilité. »

## Ne pas voir partout des attaques personnelles

- ***Gérard Taponat,*** **directeur du droit social et des relations paritaires à la direction des ressources humaines du groupe SFR-Cegetel** ajoute, pour sa part, qu'il ne faut pas tout transformer en affaire personnelle. « Vous êtes attaqué par des membres de votre équipe sur les objectifs 2005 ? N'en faites surtout pas une attaque personnelle. Ce n'est pas vous qui êtes directement visé mais votre statut de responsable du service commercial. »

# Comment savoir si cela vaut le coup d'aller à l'affrontement ?

**Les occasions d'aller au conflit ne manquent pas. Mais le jeu n'en vaut pas toujours la chandelle.**

### « J'ai décidé de laisser courir »

« ***Stéphane, consultant informatique dans une SSII parisienne,*** doit composer avec l'esprit perfectionniste du comptable de son entreprise. « Je sais ne pas être très rigoureux dans la collecte de mes notes de frais – j'oublie de réclamer des justificatifs aux chauffeurs de taxi, par exemple –, ce qui a le don d'agacer prodigieusement le comptable de l'entreprise. D'ailleurs, chaque fin de mois, il me le fait lourdement remarquer et prend un malin plaisir à me dévaloriser, au point que j'appréhende ces rendez-vous mensuels. Même si l'envie de lui dire ses quatre vérités m'a souvent titillé, j'ai choisi une autre stratégie. Plutôt que de l'affronter, j'ai, dans un premier temps, fait des efforts dans la gestion de mes notes de frais ; ensuite, j'ai limité nos rencontres. Plutôt que d'aller à chaque fois le retrouver dans son bureau, je fonctionne, quand c'est possible, par mail. Avec le recul, je me dis que c'était la meilleure option. En effet, me voyant moins souvent, il a cessé de se focaliser sur moi et a changé de tête de Turc. » »

## Trop de temps et d'énergie à perdre

- ***Pour Liliane Heintz,*** **coach indépendante,** tous les désaccords ne valent pas la peine de provoquer un combat. « Dans certains cas, on peut, en effet, décider de laisser courir. Dans quelles situations ? Lorsque l'on juge le sujet secondaire, lorsque l'on pense qu'une brouille est passagère et va se dissiper d'elle-même...

  Autre élément à prendre en compte : l'énergie qu'il va être nécessaire de déployer et le temps qu'il faudra y consacrer, le tout mis en balance avec le résultat attendu. On peut ainsi choisir de garder son énergie pour des combats que l'on juge plus fondamentaux. Devant un conflit, il faut toujours se poser la question : "Et si je ne faisais rien ?" Si l'on ne se sent pas de taille, on a aussi le droit de se dire : "Ce conflit est trop gros pour moi". »

## Pourquoi faut-il prendre le soin de bien identifier les forces en présence ?

**Avant de se jeter la tête la première dans le conflit, il est préférable de jauger la force de son ou de ses adversaires.**

### Analyser le pouvoir de nuisance de son adversaire

- ***Liliane Heintz avertit :*** « On ne lutte pas de la même façon selon que l'on a quelqu'un de plus fort, d'égal ou de plus faible en face de soi. Les implications ne seront pas les mêmes. Imaginons que la personne qui pose problème soit le fils d'un des meilleurs clients de la société : c'est une réalité qu'il faut forcément prendre en compte et qui va conditionner la manière d'aborder le conflit. En effet, on aura pu préparer au mieux l'affrontement, peser chacun de ses arguments ; bref, traiter le différend dans les règles de l'art avec le plus d'objectivité possible. Mais, si l'on a oublié de mesurer, en amont, le pouvoir de nuisance de son adversaire, et l'étendue de son réseau ainsi que ses soutiens dans l'entreprise, on risque d'avoir de très mauvaises surprises à l'issue de la confrontation. »

## Comment savoir si c'est le bon moment ?

**Ni trop tôt, ni trop tard, on ne provoque pas le conflit à n'importe quel moment !**

### Inutile si l'adversaire est dans le déni

- ***Pour Béatrice Abeille-Robin,*** « il ne sert à rien de provoquer une explication tant que son interlocuteur reste dans le déni. En effet, tant qu'une personne reste enfermée dans le schéma "C'est pas moi, c'est l'autre", inutile d'aller plus loin, ce serait une perte de temps ».

### « Mes règles de conduite pour régler un conflit sereinement »

« ***Bernard Luminet, conseiller prud'homal,*** siégeant au conseil de Saint-Germain-en-Laye depuis douze ans, prononce une trentaine de jugements chaque année. Pour y voir clair lors du règlement d'un litige, il s'impose quelques règles de conduite utiles à tout manager pris entre deux feux : « Pour identifier sereinement les torts des uns et des autres, je suis tout d'abord attentif à ce que les parties en présence évitent toutes exclamations et tout "coup de gueule" perturbateurs. En clair : je tente toujours de calmer le jeu car les choses m'apparaissent plus clairement dans une ambiance posée, une condition *sine qua non* pour qu'un échange intelligent ait lieu. Moi-même, je mets un point d'honneur à toujours apparaître souriant et cordial avec un mot aimable pour chacun.

Autre principe : je m'interdis tout préjugé. Devant chaque nouvelle affaire, mon regard est neuf. À quiconque accuse, je demande de fournir les preuves de ce qu'il avance. Et c'est seulement après l'analyse de celles-ci que je forge mon opinion, jamais avant. » »

### Un intérêt partagé bien compris

- ***Liliane Heintz complète :*** « On décide de déclencher un affrontement quand on a en face de soi un adversaire qui, malgré les points d'achoppement, est constructif et estime avoir un intérêt à ce que les choses avancent. »

## Dans quels cas peut-on se passer d'aller à la confrontation ?

**Atteinte à ses valeurs, mise en cause de ses compétences professionnelles, désorganisation d'un service... Il est des situations où il est impossible de faire la sourde oreille !**

### *La gestuelle sous contrôle*

**Il faut le savoir : les mots et le ton de la voix comptent pour 80 % dans la communication. La gestuelle, l'apparence et le regard font le reste. Pour renouer le dialogue, mieux vaut utiliser quelques recettes simples. Primo, éviter toute attitude agressive, comme un doigt pointé, le poing fermé ou encore les gestes « rempart », comme les bras croisés. Dans le même registre, il est conseillé de respecter l'espace social de son interlocuteur évalué à 50 cm, ce dernier pouvant vivre le face-à-face comme une intrusion.**

**Bon à savoir : le fait de se reculer, de se tenir sur la pointe des pieds ou de se passer la main dans les cheveux ou sur le visage démontrent un état de faiblesse ou d'hésitation. Également à éviter : les épaules rentrées qui font le dos rond et courbé. Pour faire preuve d'assurance, l'attitude idéale consiste à se tenir bien droit, cou et épaules dégagés, souple du haut du corps et à s'employer à des gestes d'ouverture : les paumes en avant et mobiles.**

## Une remise en cause de vos compétences

- ***Pour Liliane Heintz,*** il est des situations où il faut provoquer le conflit. « Il s'agit, selon moi, des cas où on remet en cause votre crédibilité professionnelle, on conteste vos résultats, on nuit à votre carrière, voire on tente de vous évincer de l'entreprise. Autre sujet sur lequel il est impossible de faire l'impasse : l'atteinte à vos valeurs, autrement dit, ce que vous jugez de l'ordre de l'inacceptable. Ne pas réagir devant une situation qui nous révulse, c'est prendre le risque d'entrer en conflit, cette fois, avec soi-même, et d'égratigner l'estime que l'on se porte. »

## Une atteinte au fonctionnement de votre service

- « Un manager ne pourra faire la sourde oreille face à une incompatibilité d'humeur entre deux salariés portant atteinte au bon fonctionnement de son service et, par ricochet, aux résultats de l'entreprise », ***ajoute Jean-Pierre Veyrat.***

## Un coût pour l'entreprise

- ***Pour Pascal Bouëte,*** il est temps de prendre le taureau par les cornes quand une mésentente commence à avoir un coût pour l'entreprise. « Quand entre deux personnes, il existe un désaccord, on a tendance à éviter les sujets qui fâchent. Mais, voilà, une telle manière d'agir n'est pas sans conséquence. Exemple : quelqu'un qui voit son périmètre de responsabilité réduit par l'arrivée d'un nouveau collaborateur… Une situation qui fait naître des frustrations qui, si elles perdurent, vont agir sur l'ambiance générale. Dans ces cas-là, je me demande si le coût lié à la dégradation de l'ambiance (qui influe sur la motivation) est plus important que le coût du conflit lui-même. Si c'est le cas, je provoque l'explication. Car, si les choses restent en l'état, il est toujours possible que l'un des deux, de guerre lasse, finisse par partir. Ce qui implique un nouveau recrutement et donc la publication d'annonces, le temps passé à la sélection des candidats, l'intégration du nouveau venu… Voilà ce que peut coûter le fait d'avoir voulu ignorer une réalité humaine ! »

## Un conflit qui peut faire tache d'huile

- « Il faut aussi crever l'abcès sans tarder quand la personne à la source d'une récrimination a un fort pouvoir de nuisance, ***remarque, par ailleurs, Jacques Eliard.*** Il se peut qu'une personne du service vienne vous trouver pour se plaindre. Le sujet vous semble anecdotique. Vous êtes tenté de ne pas y prêter une attention particulière. Dans certains cas, cela ne portera pas à conséquences. Dans d'autres, le mécontentement peut faire tache d'huile, en particulier si cette personne a établi de très bonnes relations avec toute l'entreprise. Vexée par votre indifférence, elle va se répandre en critiques à votre égard qui feront d'autant plus

### « Une de mes collaboratrices ne voulait pas s'adapter à ma nouvelle organisation »

« Parmi mes collaborateurs, il y avait une commerciale avec qui tout se passait bien jusqu'au jour où j'ai décidé d'étoffer l'équipe de vente, raconte le directeur d'une jeune société de 15 salariés. J'ai proposé à cette personne le poste de responsable commercial, qu'elle a refusé. Du coup, j'ai recruté un responsable qui a mis en place une nouvelle organisation à laquelle la collaboratrice en question a refusé de se soumettre. Faisant preuve de mauvaise volonté, elle agaçait le nouveau venu. Leurs mauvaises relations ont fini par détériorer l'ambiance générale de l'équipe. J'ai décidé qu'il ne fallait pas laisser ce conflit larvé s'éterniser et décidé d'en parler : à un moment, il faut bien déclencher une crise pour résoudre le conflit, sinon, il perdure de manière souterraine. J'avais fait deux hypothèses : soit mon initiative l'aidait à prendre conscience qu'il fallait qu'elle change d'attitude, soit la conduisait à quitter la société. J'ai reçu les deux protagonistes, d'abord séparément, puis ensemble. Chacun d'entre eux a donné son point de vue et expliqué ses griefs. La commerciale a fait un constat honnête. Elle a reconnu qu'elle n'arrivait pas à s'adapter aux nouvelles méthodes de travail, elle a même avoué qu'elle n'avait sans doute pas la souplesse requise. Deux mois après, elle démissionnait. Ma conclusion : il est nécessaire de monter au créneau quand les effets d'un conflit larvé sont plus coûteux (mauvaise ambiance et incidence sur la productivité par exemple) que ceux d'un conflit ouvert. »

mouche qu'elle dispose d'un solide "capital sympathie". D'un simple mécontentement qui demandait cinq minutes d'attention de votre part, vous voilà confronté à une fronde qui va exiger des heures d'explications. »

## Des comportements inadmissibles

- ***Romain Bureau,*** directeur général adjoint d'IDRH, cabinet de conseil en organisation, management des ressources humaines

**et conduite du changement,** ajoute « qu'un manager a l'obligation d'intervenir lorsqu'il est témoin de comportements inadmissibles. C'est le cas lorsque les individus en conflit se livrent à des attaques personnelles plutôt que de mettre en cause le travail de leur adversaire. Dans ce cas, le manager n'a pas d'autre alternative que de s'impliquer dans le conflit et de prendre des sanctions ».

# Au moment du face-à-face

## Comment créer un premier contact ?

**Avant d'en venir aux faits, il est important de renouer les fils du dialogue entre les protagonistes d'un conflit.**

### Revenir à une relation raisonnée

- ***Jacques Eliard,*** **associé de i-Lead Systems,** observe qu'« au départ, dans un conflit, l'approche des deux parties est généralement très manichéenne. Chacun pense de son côté : "Il a tort, j'ai raison." Il n'empêche. Bien que convaincu d'avoir raison, je dois quand même tenter de comprendre l'autre. Ainsi, cette première démarche me permet de créer une sorte de lien, qui, s'il ne va pas résoudre à lui seul le conflit, va contribuer à renouer les fils du dialogue. Selon moi, il est risqué de se focaliser d'entrée sur les faits qui constituent justement le nœud du désaccord. Certes, l'exercice n'est pas aisé. Pour autant, il offre la possibilité de revenir à une relation moins primaire. C'est admettre que l'on est

#### *Les dangers du consensus mou*

**« Quand il y a un conflit, on essaie parfois de s'en sortir en trouvant absolument un consensus, *remarquent Emmanuelle Tran Thanh Tam et Tea Lucas de Pesloüan, respectivement directrice et consultante d'Acyan, cabinet spécialisé dans la prévention et la gestion de crise.* Mais voilà, il s'agit parfois d'un consensus mou, autrement dit d'un positionnement destiné à n'offenser personne mais qui ne satisfait aucune des parties concernées. En procédant ainsi, on fuit le conflit sans le régler pour autant. Pire, il peut constituer une bombe à retardement car les deux parties s'estimeront flouées et en garderont un goût amer. »**

tous les deux dans l'impasse et que l'on a autant intérêt l'un que l'autre à s'écouter pour trouver un terrain d'entente ».

## Quels sont les arguments à mettre en avant lors de la confrontation ?

**Rappeler l'objectif commun, montrer à son interlocuteur ce qu'il aurait à gagner à négocier… Autant d'approches pour faire le premier pas.**

### S'en tenir aux faits

- ***Liliane Heintz,*** coach indépendante, ***conseille un préalable :*** « Se limiter aux faits et mettre ainsi de côté les émotions. Ensuite, l'approche consiste à proposer, à chercher ensemble une solution en faisant apparaître les bénéfices à résoudre le problème, notamment pour l'interlocuteur. C'est une manière de l'amener à se placer en situation de vouloir résoudre le conflit, et à avoir une attitude constructive. C'est une introduction à la négociation. »

### Rappeler l'objectif commun

- ***Pour Jean-Louis Muller,*** **directeur à la Cegos,** « il est recommandé de bâtir son argumentaire autour de l'objectif commun. Car, si deux parties en conflit se querellent en général à propos des moyens, elles sont rarement en désaccord sur l'objectif final ».

### Ne pas braquer inutilement son interlocuteur

- « La tendance des gens en conflit est d'aborder en priorité la ou les causes à l'origine de leur prise de bec, ***constate Romain Bureau,*** **directeur général adjoint d'IDRH.** Alors qu'il serait préférable de se concentrer sur les faits. Celui qui fait le premier pas doit plutôt

### Les principes de base d'une négociation réussie

« Pour donner à une négociation toutes les chances d'aboutir rapidement, il convient de respecter quelques règles de base, *comme l'explique Jean-Louis Muller* : « D'abord, il faut arriver à la table des négociations avec des convictions mesurées, car une personne qui croit avoir raison sur toute la ligne est dans l'incapacité de négocier. Comment en effet peut-on écouter l'autre si l'on est absolument sûr de détenir la vérité ? De plus, le fait d'afficher ses convictions avec trop d'assurance provoquera des résistances chez ses interlocuteurs. Par ailleurs, il faut aussi être capable d'accepter que l'autre partie ait des convictions qui soient différentes et admettre que c'est avec bonne foi que cette dernière va développer ses arguments. Ensuite, il est nécessaire de se mettre rapidement d'accord sur des objectifs communs. Enfin, il faut veiller à ce que personne ne perde la face. » »

commencer par un "Voilà ce qu'il se passe..." ou un "J'ai constaté que...". C'est bien mieux qu'une mise en cause du type : "À cause de ton retard, je n'ai pas pu livrer à temps les pièces attendues par mon client." L'autre, ainsi accusé, va se braquer, rendant la négociation impossible. »

## Pourquoi ne faut-il pas aborder le face-à-face avec trop d'intransigeance ?

**Sachons-le : pour gagner, il faut aussi être capable de perdre.**

### Accepter qu'il faut perdre, ne serait-ce qu'un peu

- ***Jean-Louis Muller remarque*** que « les gagnants d'un conflit sont ceux qui ont identifié ce qu'ils pouvaient perdre. Ce qui les conduit à négocier avec davantage de doigté, à l'inverse de ceux qui n'ont pas encore pris conscience qu'une négociation implique de

### *Le bon compromis, selon Lionel Bellenger*

**Un compromis, comme la négociation, poursuit le même objectif : faire converger les exigences de deux parties. Mais, il suppose de respecter une condition *sine qua non* : que chacune de ces parties accepte de faire un pas vers l'autre et donc de lâcher un peu de lest. Le compromis a donc un prix, relatif aux concessions faites de part et d'autre. Cet exercice se révèle être un heureux mélange d'ouverture et de fermeture. Si l'on est trop ouvert, c'est l'autre qui fait passer toutes ses exigences. Si l'on est trop fermé, on reste campé sur ses positions et la situation restera bloquée.**

**Avant le face-à-face, un petit travail préparatoire est de mise. L'ensemble des acteurs devant, en effet, réfléchir au préalable sur ce qu'il est possible de lâcher. Il s'agit, alors, d'estimer sa propre marge de manœuvre. Quel est mon idéal, c'est-à-dire mon hypothèse haute? Et à l'inverse, le seuil en deçà duquel je refuse de descendre. Il s'agit de l'hypothèse basse. Lors de l'échange, il s'agira de naviguer entre ces deux limites. Mais, il faut être sûr d'une chose : le compromis n'est pas un signe de faiblesse, tout au contraire; c'est une preuve de pragmatisme et de sagesse.**

perdre, ne serait-ce qu'un peu. Cette approche est le fondement même du compromis ».

## Avoir défini un niveau de perte acceptable

- ***Un avis partagé par Lionel Bellenger,*** **directeur général délégué du cabinet Nuages blancs Centor Idep,** qui complète : « Qui veut entrer dans une négociation suite à un conflit doit avoir la lucidité d'accepter un certain niveau de perte, identifier ses objectifs essentiels de manière à rester concentré sur eux car c'est sur ces derniers que l'on ne doit rien lâcher. Ce qui suppose d'être souple sur des objectifs que l'on juge secondaires. De toute façon, dans un conflit, il y a des gains et des préjudices des deux côtés. Donc, rien ne sert de faire preuve d'intransigeance. »

### « J'ai négocié plutôt que de déclarer la guerre »

« Avant de plonger tête baissée dans la bagarre, il est parfois utile de prendre un peu de hauteur et d'analyser les tenants et les aboutissants du litige. « Il y a quelques années, j'étais commerciale dans l'agroalimentaire, *raconte Patricia.* Un jour, mon patron est venu me trouver pour m'annoncer qu'il allait réduire le montant de mes primes. Ma première réaction fut : "Je n'ai pas démérité. De quel droit revenez-vous sur des acquis?" Très en colère, j'étais prête à me battre bec et ongle et aller jusqu'aux prud'hommes pour défendre mes intérêts. J'en ai discuté avec un représentant syndical qui m'a remis les pieds sur terre en me proposant de prendre en compte l'ensemble du contexte. Fallait-il vraiment intenter une action en justice sachant qu'elle mettait à mal ma position dans la société alors même que mon employeur payait bien mieux que ses concurrents? Finalement, plutôt que de déclarer la guerre à mon patron, j'ai choisi la voie de la négociation et obtenu que la baisse des primes soit moins conséquente que prévue. » »

## Que faire face à quelqu'un qui refuse de se placer sur le terrain de la négociation ?

**Pas toujours évident de faire face à un interlocuteur qui ne veut céder sur rien. Il faut alors trouver des arguments convaincants.**

### Faire des compromis ou risquer de tout perdre

- ***Bernard Luminet,*** conseiller prud'homal et représentant du syndicat CFE-CGC, explique que « lorsque dans un litige, mon adversaire reste campé sur ses positions et refuse jusqu'à l'idée même d'une négociation, je lui rappelle alors qu'il est toujours préférable d'envisager un rapprochement *via* un compromis, ce qui suppose de faire quelques concessions. C'est toujours mieux que de tout perdre, dénouement toujours possible lorsque l'on confie l'issue du conflit aux prud'hommes ».

## Comment poser les bases de la résolution d'un conflit dès le premier échange ?

**Exprimer la manière dont on a vécu un clash, faire en sorte de renouer les liens en douceur... Un moyen efficace de poser des bases pour résoudre le conflit.**

### Mettre sa fierté de côté et faire le premier pas

- ***Louis-Michel Nivôse,*** DRH de la CaixaBank constate : « Le premier pas, c'est toujours très affectif, parce qu'il faut mettre sa fierté de côté. Ce qui n'exclut pas l'expression de ses émotions. On a le droit de dire à l'autre : "J'ai mal vécu notre altercation" ; "Je ressens fortement ton agressivité". Bref, la manière dont on a vécu cette tension. Reste, ensuite, à laisser l'autre réagir sur le même registre pour, ensuite, passer au règlement du conflit proprement dit en mettant sur la table les éléments objectifs. »

### Renouer doucement les liens

- ***Jacques Eliard complète :*** « La situation ne sera sans doute pas réglée après ce premier pas. Pour autant, il est important de ne pas rompre le lien tout juste renoué. On peut pour continuer sur sa lancée proposer des actions comme convenir d'un nouveau rendez-vous, suggérer l'intervention d'un tiers... On n'est pas encore dans la résolution, mais on peut estimer que l'on est déjà sur la bonne voie. »

## Comment gère-t-on un conflit quand on est seul contre tous ?

**Difficile de se retrouver confronté à plusieurs personnes en même temps. Pour s'en sortir, un conseil : individualiser la négociation.**

## La reformulation : un exercice très utile

● Pour démontrer à votre interlocuteur que vous avez bien saisi le message qu'il essaye de vous faire passer, il suffit de redire en d'autres termes ce qu'il vient d'avancer. Ainsi, vous assurez à l'intéressé que vous n'interprétez pas ses propos, une preuve que vous l'avez écouté. Il s'est donc fait comprendre. Plus confiant, il sera plus enclin à continuer et à participer à l'échange. La reformulation tranche ainsi avec d'autres réflexes comme la contradiction, la justification plus souvent utilisée lors d'explications un peu vives. « Et contrairement à ce que certains peuvent penser, cette attitude n'a rien d'artificiel, tient à préciser *Mireille Brahic, consultante et animatrice de formation dans le domaine de la communication et de l'organisation du travail.* Reformuler, c'est respecter les valeurs fondamentales de la communication en reconnaissant l'importance de l'avis de l'autre, en admettant son droit à avoir un avis personnel et différent mais aussi en le rassurant, en le laissant exprimer son mécontentement ».

● Mais, l'exercice est délicat, car reformuler ne signifie pas ni répéter mot pour mot, ni reprendre exactement tous les points précédemment évoqués, ni approuver. Une reformulation dans les règles de l'art suppose « l'emploi de mots à soi, la synthèse et le juste équilibre entre le style interrogatif et affirmatif », *énumère Mireille Brahic* qui propose quelques formules utiles pour introduire son propos comme "Ainsi, selon vous...", "Donc, à votre avis...", "Pour vous, c'est...", "Au fond...", "Si je résume ...", "Dans votre cas...". »

## Identifier les meneurs

**➲ *Louis-Michel Nivôse en convient :*** « Pas facile de s'en sortir quand on a laissé une situation s'envenimer et que l'on se retrouve embarqué dans un conflit avec un groupe. Dans ce cas, je conseille d'identifier le ou les meneurs. Il faut concentrer ses efforts sur eux en essayant par exemple de comprendre leurs motivations, leur influence sur le reste du groupe : on peut négocier avec eux, ou les désolidariser du reste du groupe... Le tout sans omettre de repérer des alliés possibles. »

### Individualiser la négociation

- ***Jacques Eliard,*** **associé de i-Lead Systems, cabinet spécialisé en coaching de leadership et développement des potentiels,** ajoute pour sa part « que négocier avec un groupe entier est un exercice de haute volée. Pour se faciliter la tâche, il est préférable de recevoir ses opposants un à un, dans le cadre d'entretiens individuels ».

## Un face-à-face demande-t-il une mise en scène particulière ?

**Pour créer un climat propice à l'échange, le fond est primordial. Ce n'est pas une raison pour sous-estimer la forme. Le choix du lieu de la négociation mérite toute l'attention des protagonistes.**

### Choisir un terrain neutre

- ***Jacques Eliard conseille*** de choisir un terrain neutre. « Il peut s'agir d'une salle de réunion, de la cafétéria, ou encore du bureau d'une tierce personne... Autant que possible, il faut éviter de donner rendez-vous à son contradicteur dans son propre bureau. S'il n'y a pas d'autre solution, il est important de soigner la mise en scène en évitant, par exemple, de vous installer derrière votre bureau comme si vous trôniez. Le moment de la rencontre a également son importance. Ainsi, mettez-vous d'accord sur un créneau horaire qui convienne à vos emplois du temps respectifs. »

### Des lieux inattendus

- « Au sein même d'une entreprise, certains lieux sont un peu à part, ils semblent extérieurs, ***remarque Jean-François Six,*** **directeur de l'Institut de la formation à la médiation.** Combien de conflits ont été réglés dans la file d'attente, à la cantine ? Ou face aux lavabos dans les toilettes ? Rien d'étonnant, en fait : ces lieux sont symboliques, ils nous éloignent de notre fonction "travail" et nous rappellent que nous sommes de la même humanité. Idem pour les activités sportives ou culturelles qu'organisent les entreprises. Elles peuvent aussi constituer d'excellentes occasions de nouer d'autres types de rapport, plus détendus et plus humains : quand on se retrouve à l'extérieur de l'entreprise, en règle générale, la parole est comme délivrée. Il faut en profiter ! »

### Sortir de l'entreprise

- ***Jean-Marc Chaintron,*** **gérant associé du cabinet RHE (Ressources Humaines Environnement)** conclut qu'il est toujours bienvenu de se rencontrer à l'extérieur de l'entreprise « pour sortir du contexte et s'éloigner du lieu conflictuel. C'est ainsi se donner l'opportunité de porter un autre regard sur la situation ».

## Quels sont les mots à proscrire ?

**Les mots ont du pouvoir. Si certains ont tendance à calmer les esprits, d'autres contribuent à mettre de l'huile sur le feu. C'est pourquoi il faut les choisir avec soin.**

### Des mots à connotation dévalorisante

- ***Pour Jean-Marc Chaintron,*** il existe, dans ce domaine, quelques règles élémentaires. « Bannissez, par exemple, tout vocabulaire qui pourrait être interprété comme une attaque personnelle, un signe de mépris ou une tentative de dévalorisation de votre interlocuteur. Il est déconseillé d'employer continuellement la deuxième personne du singulier qui est stigmatisante, et culpabilisante. Si chacune de vos phrases débute par "Tu", il est fort à parier que l'autre se sentira personnellement attaqué. Ce qui est évidemment peu propice à un échange serein. »

### Des mots qui induisent un accord

- ***Pour sa part, Louis-Michel Nivôse*** utilise une technique éprouvée dans les échanges commerciaux. « Elle consiste à associer le "toi", le "moi" et le "nous" de manière à ce que les points de vue des deux parties convergent. Illustration : "Quel est ton point de vue ?" ; "Le mien c'est celui-ci" ; "Que peut-on faire ensemble ?" Par ailleurs, il est déconseillé d'utiliser des mots à connotation négative. Problème, obstacle, erreurs, retards... Autant de mots qu'il faut éviter de prononcer. »

## Comment intervenir dans un conflit entre des membres de son équipe sans mettre de l'huile sur le feu ?

**Un manager peut aiguiller les débats d'une équipe de manière à leur faire appréhender le sujet de la discorde sous un angle constructif.**

### Ne pas se centrer sur le passé

- « Quand on est confronté à un conflit dans son équipe, il faut éviter de réactiver les désaccords, ***prévient Jean-Louis Muller,*** **directeur à la Cegos.** Il faut donc se garder de dire : "Qu'est-ce qui ne va pas ?" ; "À qui la faute ?" ; "Pourquoi vous avez ce problème ?" Il est inutile de se centrer sur le passé. Mais plutôt se dire : ils ont un conflit parce qu'ils ont le même objectif mais ne sont pas d'accord sur les moyens de l'atteindre ; alors, faisons-les parler de l'objectif. Quel est-il ? Quand saurez-vous que vous l'avez atteint ? Quels sont les moyens que vous pouvez mettre en œuvre ?... Des questions qui dépassionnent le débat et les projettent dans l'avenir. Autrement dit, il faut être constructif. »

## Que faire quand la négociation est bloquée ?

**On peut avoir la meilleure volonté du monde. Mais si l'on n'a pas en face de soi quelqu'un qui se trouve dans des dispositions identiques, difficile d'avancer...**

### Des techniques de contournement

- « Lorsque l'on se trouve devant une personne qui est totalement fermée à l'idée même de résoudre le conflit qui vous oppose, voire qui ne le voit pas, il y a plusieurs manières de réagir, ***explique Liliane Heintz,*** **coach indépendante.** Si la situation est bloquée parce que ce collègue refuse de vous entendre, tournez-vous vers des personnes de son entourage que vous aurez choisies pour l'influence particulière qu'elles ont sur lui.

  Autre technique possible, celle qui consiste à mettre fin à un conflit sans les protagonistes et malgré eux. Il arrive parfois que deux commerciaux se disputent un même client pour le potentiel d'affaires qu'il représente. Si le chef de service ou l'entreprise modifie le système de rémunération des commerciaux en passant d'un système fondé sur les performances individuelles à celui basé, cette fois, sur les performances collectives du service, le motif même du conflit aura disparu. »

## Entraînez-vous à la méthode ÉRIC

***Selon Mireille Brahic, consultante et animatrice de formation dans le domaine de la communication***, il existe une méthode pour faire face aux échanges musclés. Son nom : Éric, qui se décline en quatre étapes soit Écouter/Reformuler /Interroger/Conclure.

● ***Écoutez le mécontent jusqu'au bout***

Nous sommes, pour la plupart, persuadés que plus tôt nous aurons contré un mécontent, plus vite nous nous en débarrasserons. Erreur. Vouloir contrer et se débarrasser sont deux actions qui ne font que repousser ou occulter le conflit. Ainsi, penser que la meilleure défense, c'est l'attaque est stérile car cela ne fait que conduire à une surenchère. En fait, quand parlons-nous du fond de notre désaccord ? Jamais ! Qu'aura-t-on résolu ? Rien ! Qui aura gagné ? Personne. Par ailleurs, se débarrasser du mécontent se révèle une tout aussi mauvaise stratégie. Car, ainsi éconduit, il va répandre sa rage, amplifiée en dénigrements et autres calomnies provoquant ainsi de nouveaux mécontents. En clair, plutôt que de se débarrasser du mécontent, il faut l'écouter jusqu'au bout en faisant preuve d'empathie pour, si possible, le transformer en sympathisant, voire en allié.

● ***Reformulez ses dires***

Outre les conséquences néfastes de l'hyper-réactivité agressive, nos réponses spontanées, même les mieux intentionnées, ont parfois un impact que nous n'attendions pas. Ainsi, croyant être aimable et apaisant, nous provoquons par notre réponse, inconsciemment inappropriée, des réactions tout aussi indésirables qu'infructueuses. D'où la nécessité de reformuler les propos de son interlocuteur pour s'assurer d'avoir bien compris son message.

● ***Interrogez le mécontent***

Une fois la tension diminuée, il devient possible de poser une question ouverte au mécontent afin de passer en revue l'ensemble des griefs (c'est là que ceux qui n'ont pas de motifs objectifs se déballonnent). Voici quelques exemples de questions à poser : « Dites-moi précisément ce qui ne vous a pas convenu ? » ; « Qu'est-ce qui dans mon travail ne convenait pas ? » ;

« Qu'est-ce qui vous a déplu précisément ? » ; « Qu'ai-je fait exactement d'incorrect ? » ; « Qu'est-ce qui précisément vous a manqué pour que votre mission soit remplie (objectif atteint, tâche effectuée correctement, etc.) ? »...

● ***Concluez***

La dernière étape consiste à amener son interlocuteur à formuler un projet concret. Quelques questions peuvent l'y aider. Par exemple : « Que puis-je faire pour vous ? » ; « Que proposez-vous en réparation ? » ; « Comment allons-nous régler ça ? » ; « Dites-moi précisément ce que vous attendez de moi » ; « Comment dois-je, alors, me comporter dans l'avenir ? » ; « Est-ce que je pourrais avoir un modèle du type de document que je dois rédiger ? »

## Laisser l'autre assumer ses responsabilités

- ***Jean-Marc Chaintron évoque*** également la conduite à tenir devant une personne particulièrement butée. « Vous avez déjà proposé un large éventail de solutions, vous êtes prêt à faire des concessions, mais votre interlocuteur reste campé sur ses positions. Pas question de culpabiliser. Dites-vous bien que c'est de sa responsabilité. Qu'il assume les conséquences de son attitude. »

## Le choix entre rupture et usure...

- « Parfois, on a affaire à des individus qui ne comprennent rien à rien, ***explique un manager.*** Dans ce cas-là, il n'y a pas trente-six solutions, il faut trancher. Dans le cas d'un manager, la porte de sortie, c'est le licenciement. Si l'individu est l'un de ses collègues, l'idéal est de limiter au maximum les échanges avec cette personne. En la matière, il y a une solution radicale, la démission, mais elle n'est jamais satisfaisante. Si cette issue est exclue, pas d'alternative, il faut s'armer de patience et parier sur la bêtise de ce personnage. Aucun doute : il finira bien par faire un faux-pas dont les conséquences vous donneront raison. »

### Une astuce pour couper court aux dérapages

« Parfois, nous devons faire face à des clients excédés pour des raisons diverses, *confie un responsable de service dans une administration.* Dans un tiers de ces réclamations, vous pouvez être sûr que va ressortir une idée reçue, du type : "Dans la Fonction publique, vous n'êtes que des feignants, des incapables, vivement la privatisation !". Dans ce cas-là, je repositionne le débat. L'usager nous traite de feignants ? Première parade : je lui propose de passer dans nos locaux de manière à ce qu'il voit comment nous travaillons... En règle générale, il décline l'invitation, mais en attendant, cette proposition de notre part a le mérite de calmer les esprits. Autre astuce : je contacte la personne convaincue que nous sommes des tire-au-flanc entre 19 h et 20 h. Une manière de lui signifier qu'à cette heure tardive, je suis encore à mon bureau, à m'occuper des réclamations des clients. Dans le cas de courriers particulièrement incendiaires, je traite toujours l'affaire par téléphone. Dans bien des cas, la personne n'ose pas tenir les mêmes propos de vive voix. Ainsi, il est plus facile d'argumenter, de s'entendre et de mettre un point final au conflit. »

## Comment négocier avec un coléreux ?

**Des gens en colère se manient avec précaution sous peine de transformer une querelle temporaire en conflit permanent.**

### Temporiser

- « Inutile d'imaginer faire entendre raison à quelqu'un en train de piquer une colère ou d'arriver avec lui à une quelconque ébauche de solution, ***avertit Romain Bureau.*** Plutôt que de laisser un désaccord se transformer en un conflit qui va nous dépasser et nous conduire à prononcer des mots que l'on regrettera une fois calmé, mieux vaut temporiser : "On est en train de s'énerver, je te suggère de reprendre cette conversation plus tard." »

# La médiation

## Dans quelles situations doit-on envisager une médiation ?

**Communication bloquée, positions inconciliables, surinvestissement émotionnel… Il est temps de passer à la médiation.**

### Quand il est impossible de prendre du recul

- ***Selon Jacques Eliard,*** associé de i-Lead Systems, cabinet spécialisé en coaching de leadership et développement des potentiels, la médiation s'impose lorsque « deux parties en opposition n'ont plus la capacité à prendre le recul nécessaire et sont engluées dans leurs émotions. Le rôle du tiers est de leur faire prendre conscience de cet état et les amener à être à l'écoute et ce sans *a priori.* »

### Assouplir les point de vue

- ***Christine Marsan,*** coach, ***complète :*** « La médiation a pour mission d'assouplir les points de vue. Il s'agit ainsi d'amener chacun des protagonistes à se mettre à la place de son adversaire de telle manière qu'ils comprennent comment l'autre a pu percevoir les faits et ce qu'il a ressenti. Lorsque l'on parvient ainsi à tomber d'accord sur les faits à l'origine du conflit, c'est déjà un grand pas franchi vers sa résolution. »

### Une remise en cause des personnes

- ***Jean-Marc Chaintron,*** gérant associé du cabinet RHE (Ressources Humaines Environnement) ***conclut :*** « Une médiation s'impose lorsqu'il n'y a plus de communication et lorsque la remise en cause des personnes est trop importante. »

# Comment se caractérise l'intervention d'un médiateur ?

**Ni enquêteur, ni inquisiteur, mais empathique et à l'écoute, voilà comment se présente un bon médiateur.**

## Pas d'implication dans le conflit

- ***Pour Jean-François Six,*** président du Centre national de la médiation, « nulle autre personne que les protagonistes eux-mêmes ne doit s'impliquer dans le conflit. La personne qui intervient en tant que médiateur n'est pas celle qui va trouver une solution, elle doit seulement aider les protagonistes à créer entre eux de nouveaux liens. Elle ne doit peser ni dans un sens, ni dans l'autre. Sa neutralité doit être absolue. Pour qu'une médiation soit couronnée de succès, il faut que les protagonistes du conflit en soient les acteurs, et trouvent par eux-mêmes une issue. Le médiateur doit donc s'abstenir de donner son avis et de tenter d'imposer une solution ».

## Une attitude neutre

- « Un médiateur s'attache à laisser la parole aux deux parties et doit adopter une attitude neutre, ***poursuit Bernard Luminet.*** Pour se faire, il écoute par le menu les deux versions. »

## À l'écoute des deux parties

- « Ni enquêteur, ni inquisiteur, mais à l'écoute, telle doit être la personne qui intervient dans le conflit, ***détaille Jean-François Six.*** Ce qui ne signifie pas qu'il faille être passif : il faut questionner les intéressés, demander des précisions, sans hésiter à les pousser dans leurs retranchements. Que s'est-il passé ? Qu'est-ce qui a déclenché le différend ? Pourquoi n'avez-vous pas discuté ensemble avant d'arriver à une situation de blocage ? Pourquoi avez-vous réagi de cette manière ? Autant de questions qui peuvent aider les protagonistes à comprendre la situation et à la relativiser. »

### Réduire les malentendus

- ***Jean-Marc Chaintron*** souligne que « le médiateur est là pour dédramatiser et réinstaurer des relations respectueuses entre les parties. S'il n'apporte pas la solution, il aide les intéressés à porter un regard clair sur la situation. Comment ? En les amenant à regarder la réalité en face : chacun a une vision propre et respectable des qualités et des défauts. Il fait évoluer chacune des parties dans la prise de conscience de l'autre et les conduit à réaliser qu'il y a méprise. En effet, un conflit survient parfois parce que les gens se méprennent sur l'autre et ses intentions ».

### Discrétion de rigueur

- « La confidentialité est un principe que doit faire sien celui qui intervient en tant que médiateur, ***conclut Jean-François Six.*** Les intéressés doivent être convaincus que rien ne filtrera de ce qui sera dit lors de la médiation. Sinon, aucun d'entre eux ne se laissera aller à la sincérité. »

## Certains caractères sont-ils plus aptes que d'autres à animer une médiation ?

**Parce que la médiation est un exercice tout en subtilité, elle est réservée à des personnalités d'une grande ouverture d'esprit.**

### Les gens trop sûrs d'eux

- « Selon moi, les gens qui ont trop de certitudes ne pourront pas être médiateur, tout comme ceux qui sont très manichéens,

***avertit encore Jean-Marc Chaintron,*** **gérant associé du cabinet RHE (Ressources Humaines Environnement).** Dans toute situation, rien n'est jamais tout blanc ou tout noir. Les meilleurs médiateurs sont ceux qui ont une écoute suffisamment large pour entendre la diversité des individus et comprendre le champ des possibles parmi l'infinité des solutions. »

## Comment se déroule une médiation ?

**Une médiation ne s'improvise pas puisqu'elle demande une succession de rencontres durant lesquelles les parties vont évoluer dans leur point de vue.**

### Ne pas recevoir ensemble les protagonistes

- « Recevoir les protagonistes séparément, tel est le préalable à une bonne médiation, ***présente Jean-François Six.*** Les écouter ensemble est toujours contre-productif, cela ne fait qu'exacerber le différend. Il est probable que le ton monte rapidement, que les intéressés se figent dans leur position, que celui qui n'est là que pour aider les deux parties à s'entendre soit finalement pris à témoin, qu'on lui demande de trancher pour l'un ou l'autre… »

### Organiser plusieurs rencontres

- « Prévoir plusieurs rendez-vous s'impose, ***signale Jean-François Six.*** Car, généralement, lors d'un premier entretien avec l'acteur d'un conflit, celui-ci a une position tranchée, très affirmée, il est certain d'avoir raison. Lors d'un second entretien, son discours a quelque peu évolué. Ce dernier fait preuve de davantage de souplesse, voire admet être allé trop loin, et commence à reconnaître que certains des arguments de la partie adverse sont peut-être recevables… »

### Une sorte d'instruction de justice

- ***Pour sa part, Romain Bureau explique*** qu'une médiation ressemble, dans une certaine mesure, au déroulement d'une instruction de justice. « Tout d'abord, le médiateur, comme le juge d'instruction, procède à la recherche des faits. Il écoute les parties, l'une après l'autre, en tête-à-tête. En dernier lieu, il les réunit pour qu'elles se confrontent. »

## Quels sont les pièges que doit déjouer le médiateur ?

**Méfiance : garder une neutralité permanente n'est pas simple.**

### Se laisser influencer

- « Il est essentiel de ne pas se laisser influencer et séduire par l'apparente position de faiblesse de l'une des parties, ***avance Mireille Brahic.*** Certes, la chose n'est pas facile car un médiateur peut être témoin de certains excès qui ne le laissent pas indifférent. Mais, ce serait déroger au principe même de la médiation, à savoir la bienveillante neutralité. »

## Le choix du lieu est-il important ?

**La sélection du lieu où se déroule la médiation n'est pas anodine car il peut raviver les crispations.**

### Choisir un lieu neutre

- ***Pour Jean-François Six,*** le lieu n'est pas un élément à négliger. Et pour cause ! « Il est préférable que la médiation se déroule dans le lieu le plus neutre possible, un lieu dans lequel aucun des intéressés n'a de repères. À proscrire : les rendez-vous sur les lieux mêmes où le conflit est né et s'est développé. Quand c'est possible, il faut choisir un lieu extérieur à l'entreprise. »

# Au lendemain du conflit

## Pourquoi faut-il effectuer un débriefing des conflits ?

**Pas question de se satisfaire d'avoir apaisé un conflit. Il faut encore prendre le temps de l'analyser à froid pour éviter que l'histoire ne se répète.**

### Une occasion de tirer des enseignements

- ***Pour Jacques Eliard,*** **associé de i-Lead Systems,** il y a toujours à apprendre d'une situation. « Faire comme si rien ne s'était passé, c'est revenir à l'attitude improductive du début de conflit, à savoir celle de la fuite. Il est donc conseillé, après avoir déposé les armes, de maintenir le dialogue ouvert avec la personne avec qui vous vous êtes affronté. Certes, l'exercice n'est pas forcément confortable, mais il en va du climat futur des relations avec elle. »

### L'opportunité de construire une nouvelle relation

- « À l'issue d'une crise, il est indispensable de cicatriser les blessures relationnelles issues d'une incompréhension ou de malentendus, ***expliquent Emmanuelle Tran Thanh Tam et Tea Lucas de Pesloüan,*** **respectivement directrice et consultante d'Acyan, cabinet spécialisé dans la prévention et la gestion de crise.** Pour se faire, l'équipe mobilisée sur les turbulences traversées doit se réunir et dresser le bilan de la crise. Les différents intervenants doivent être invités à s'exprimer sur les points positifs et aussi sur les amertumes, les frustrations accumulées pendant cette période de tensions et leurs espérances. Il s'agit d'un moyen efficace de reconstruire une relation saine, dépolluée des effets perturbateurs de la crise. »

## Éviter de refaire les mêmes erreurs

- ***Gérard Taponat indique*** que « analyser un conflit une fois terminé correspond à une étape incontournable de tout conflit, c'est également se donner la chance qu'un autre du même genre ne se reproduise pas. Cette démarche vaut pour tous les conflits, car aucun ne doit être sous-estimé. En clair : c'est une erreur de penser qu'il y a de petits conflits qui, une fois passés, ne laisseront aucune marque. L'accumulation est un phénomène déclencheur de mouvements sociaux ».

## Rédiger un carnet de route du conflit

- D'ailleurs, dans les conflits d'envergure, ce travail d'analyse peut donner lieu à la rédaction d'un document synthétique, une sorte de carnet de route auquel on peut se référer en cas de problèmes similaires, mais également comme un tableau de bord ordinaire. C'est un des outils que ***Gérard Taponat*** a pris l'habitude d'utiliser. « J'y fais le point avec, tout d'abord, un bilan des différents événements qui ont ponctué le conflit. Ainsi, je détaille la chronologie de chacun d'entre eux, en précise les conséquences pour l'entreprise... Ce sont autant d'informations qui vont me donner une vision d'ensemble et me permettre d'identifier les signes avant-coureurs que je n'ai pas su voir ou dont j'ai mal appréhendé l'importance. Ensuite, j'en tire les leçons, à partir de ces éléments concrets. Dans ce cadre, j'analyse le rôle des uns et des autres comme acteurs de la conflictualité mais aussi de manière à comprendre certaines individualités. »

# Comment la fin d'un conflit se formalise-t-elle ?

**Documents écrits, réunion... Toutes les formes sont permises pour signifier que la hache de guerre est enfin enterrée.**

## Garder une trace écrite

- ***Gérard Taponat indique*** qu'« il est important de garder une trace écrite qui va marquer et symboliser la paix retrouvée. On y explique tout ce qui a été fait avec les engagements pris et les délais convenus. En effet, il faut essayer de donner de la perspective en se projetant dans l'avenir de la relation et ne pas en rester aux termes du conflit. Enfin, c'est une manière d'évacuer autant que faire se peut la rancœur qui peut subsister après des échanges parfois violents ».

## Rédiger un protocole d'accord

- ***Bernard Luminet suggère,*** de son côté, « la mise au point d'un protocole d'accord dans lequel on fait figurer ce que les uns et les autres ont dit, on liste les points d'accord, on énumère les concessions faites par les deux camps. Ceci afin que tous deux soient responsabilisés et ne puissent pas remettre en cause, par la suite, les tenants et aboutissants de l'affaire ».

## Organiser un entretien de responsabilisation

- ***Jean-Pierre Veyrat propose*** une autre façon de marquer la fin du conflit. « On peut, ainsi, demander aux différentes parties de s'engager sur le contenu de leur accord lors d'une réunion avec un responsable des ressources humaines ou leur supérieur hiérarchique. On pourrait baptiser cette démarche, "entretien de responsabilisation". »

## En dehors du cadre

- ***Quant à Louis-Michel Nivôse, il propose*** une manière de faire un peu moins formelle. « L'important, c'est de marquer le coup. Alors pourquoi ne pas organiser une rencontre hors du cadre strictement professionnel, au cours d'un repas par exemple ? Tout est bon pour cimenter une nouvelle étape dans la relation. »

# Quels enseignements peut-on tirer d'un conflit ?

**Tout n'est pas toujours négatif dans un conflit, parfois révélateur de dysfonctionnements. Pour s'en rendre compte, rien de tel qu'un travail d'introspection.**

## Capitaliser les aspects positifs d'un conflit

- ***Pour Emmanuelle Tran Thanh Tam et Tea Lucas de Pesloüan,*** « il ne faut pas uniquement considérer le conflit comme un traumatisme, mais plutôt comme une source de progrès. Il est donc essentiel de se poser la question : quels sont les enseignements que l'on peut tirer de ce conflit ? Peut-on rebondir et, si oui, comment ? Par ricochet, on élargit le champ du questionnement : la crise a-t-elle fait émerger de nouvelles méthodes de travail ? Un mode de management plus performant ? »

# Une fois le conflit réglé, faut-il rester sur ses gardes ?

**La hache de guerre est enterrée ? Certes, mais certaines plaies mettent du temps à se refermer. Alors, attention aux effets différés.**

## Des effets collatéraux possibles

- « Dans un conflit, il y a toujours des préjudices, ***avertit Lionel Bellenger.*** En toute logique, on les voit plutôt du côté du vaincu. En réalité, le vainqueur peut aussi en subir un. Le plus souvent, ce dernier n'est pas immédiatement perceptible car différé. Ils prennent la forme d'effets collatéraux. Illustration : un manager peut estimer avoir réglé son compte à un collègue ou un collaborateur avec qui il était en guerre. Mais, s'il s'est mis la moitié de son équipe à dos,

> ### *Il faut se méfier de la capacité de nuisance des vaincus*
>
> « Une personne achète une coûteuse berline allemande, *raconte Lionel Bellenger, directeur général adjoint de Centor Idep.* Pas de chance : cette automobile connaît, dès les premiers jours d'utilisation et de manière répétée, des petites pannes. Le propriétaire excédé est contraint, à intervalles réguliers, soit de faire des réclamations, soit de ramener son véhicule chez le concessionnaire. Garantie oblige, ce dernier procède gratuitement aux réparations requises. Mais arrivé à l'échéance de la garantie, le concessionnaire, soulagé, demande à son client de payer les réparations au prix fort. Dépité que l'on ne prenne pas en compte les désagréments que lui causent cette coûteuse voiture depuis son acquisition, le client s'exécute et règle les factures qui se succèdent. On peut considérer que le concessionnaire tient sa revanche. Mais c'était sans compter avec la rancune du propriétaire de la berline : quelques semaines plus tard, quelle n'a pas été la surprise du garagiste en découvrant dans un grand magazine automobile un article relatant les mésaventures du client en question. On peut se poser la question : qui est le vrai vainqueur de cette histoire ? C'est un exemple parlant de ce qu'est un préjudice différé. »

parce qu'il a fait preuve, par exemple, d'une attitude incorrecte, peut-on vraiment dire qu'il est sorti vainqueur du conflit ? »

## Éviter les rechutes

- ***Pour Jean-Marc Chaintron,*** il ne faut pas sous-estimer l'importance de l'après conflit. « C'est comme une période de convalescence. Donc, prudence ! La vigilance doit être de mise. Plus que jamais, il faut être dans le modèle : on dit ce qu'on fait et on fait ce qu'on dit. Car l'autre partie, ou même des témoins du conflit, ne manqueront pas de vérifier que vous tenez vos engagements. Dans le même registre, il faut prendre garde à ne pas recréer à l'identique le cadre qui a fait naître la brouille. Autrement dit, évitons la recontamination ! »

## Présentation des experts

© Julianne Rose.

**Béatrice Abeille-Robin** est psychologue clinicienne et psychothérapeute. Titulaire d'une licence en philosophie (Paris IV) et d'un DESS de psychologie clinique (Paris VII), elle propose, en indépendante, une activité de conseil auprès des cadres dirigeants après avoir occupé la fonction de conseil en recrutement, entre 1987 et 1992, au sein des cabinets Bernard Krief Consultants et Coopers & Lybrand.

**Lionel Bellenger.** Directeur général adjoint du groupe Nuages Blancs Centor Idep qui propose des services en matière de conseil, de communication et de formation, il est également maître de conférence à Paris III-Sorbonne nouvelle et au sein du groupe HEC et intervient à l'École polytechnique. Par ailleurs, il est l'auteur d'une trentaine d'ouvrages dont *Comment managent les grands coachs sportifs* et *La Confiance en soi* (Éditions ESF).

**Pascal Bouëte.** Diplômé de l'École supérieure de commerce de Tours, il a débuté son parcours professionnel à la Société Générale puis a travaillé chez Euro RSCG avant de créer, en 1998, Estives, une agence conseil en marketing opérationnel dédiée aux grands comptes tels que Cegetel, Intermarché, Crédit Agricole, Mattel, 3M et Sodexho. Il est membre du Centre des jeunes dirigeants (CJD).

**Mireille Brahic.** Titulaire d'un diplôme de psychologie sociale et industrielle et d'un DESS en psychologie du travail, elle est consultante et animatrice de formation dans le domaine de la communication et de l'organisation du travail. Elle est également l'auteur de différents ouvrages dont *Arrêtez de râler!* et *Keep cool!* (Éditions d'Organisation).

**Romain Bureau** est directeur général adjoint d'IDRH, en charge notamment des activités de conseil en management, ressources humaines et conduite du changement. Il est également directeur d'études à HEC et pilote actuellement une étude prospective sur le métier de DRH en partenariat avec l'université Paris Dauphine. Auparavant, il a occupé plusieurs postes chez Procter & Gamble, Bouygues, La Poste et chez Médiapost S.A avant de rejoindre la Cegos. Il est aussi l'auteur de différents ouvrages dont *La Communication au cœur du management* et *600 Citations pour réfléchir avant d'agir* (Éditions d'Organisation).

**Jean-Marc Chaintron.** Il est le fondateur et le gérant-associé du cabinet de conseil en ressources humaines RHE et également P-DG de l'ODIEP, société de conseil en orientation. Dans le cadre de ses activités de conseil, il s'attache à favoriser la gestion des hommes et des groupes en entreprise en mettant l'accent sur l'importance de la prise en compte de l'individu et de ses comportements en entreprise. Son credo : approcher la résolution de situations qui entraînent une perte d'efficacité individuelle ou collective, et orienter et valoriser un individu dans ses actions.

**Jacques Eliard.** Il est un des fondateurs du réseau de consultants i-Lead-Systems. Son credo : mettre l'accent sur le développement des talents individuels et le développement de l'efficacité des interactions d'équipe, au service du développement de l'avantage concurrentiel de l'entreprise. Après une première expérience professionnelle dans le secteur pétrole et énergie, il a exercé, dès 1988, des responsabilités dans les métiers du conseil en entreprise et occupé notamment les fonctions de directeur général de DBM France, puis de président de DBM Europe, un des leaders mondiaux du conseil en évolution professionnelle.

**Liliane Heintz.** Titulaire d'un DESS formation de la Sorbonne, elle est aujourd'hui consultante et coach indépendante. Elle intervient dans trois domaines particuliers. Le management en premier lieu, avec comme thématiques précises : le management des équipes, la gestion du changement, le management en période de plan de sauvegarde de l'emploi, la reprise des équipes, la construction des équipes ou encore le développement des compétences; la communication en situation de crise et, enfin, la vente. Dans ce cadre, elle anime différents stages relatifs, entre autres, à la conduite de l'entretien de vente, à la négociation et au traitement des objections.

**Bernard Luminet.** Il a débuté sa carrière dans le secteur de l'hôtellerie-restauration, avec en poche, un CAP cuisine. Depuis vingt ans, il est membre du syndical CFE-CGC pour lequel il est délégué central en entreprise et ancien président d'Innova, la fédération hôtellerie-restauration (1994-2002). Il est également depuis douze ans conseiller prud'homal aux conseils des prud'hommes de Saint-Germain-en-Laye (Yvelines).

**Christine Marsan.** Titulaire d'un doctorat en psychologie interculturelle, elle a travaillé durant dix-huit ans en entreprise, dont trois ans de management opérationnel et quatorze dans le champ du conseil, de la formation et du coaching, avant d'entrer dans le monde du conseil. Présidente de l'association Renaissance, laboratoire de pratiques innovantes au service de la personne et des organisations, elle est aussi consultante. Elle est notamment partenaire de Demos pour la mise en place d'accompagnements au changement. Elle est l'auteur de *L'Intelligence des conflits* (Dunod).

**Jean-Louis Muller.** Ancien responsable de la formation permanente à l'université Paris IX-Dauphine où il intervient toujours auprès des étudiants du mastère « management global des entreprises », il est actuellement directeur chargé du développement de l'offre « management et développement des personnes » à la Cegos (leader européen de la formation professionnelle et l'un des principaux cabinets de conseil en management et ressources humaines). Il a publié de nombreux ouvrages dont *Exercez votre autorité avec diplomatie* et *Les Nouveaux Styles de management* (ESF Éditions).

**Louis-Michel Nivose.** Il est directeur des ressources humaines de la CaixaBank et membre du comité de direction. Titulaire d'un DESS de psychologie du travail et d'un DEA de sociologie, il a passé onze années dans la fonction ressources humaines (formation, communication, gestion prévisionnelle, DRH) au sein du groupe Elf, pour rejoindre ensuite le secteur du commerce de détail. Dernièrement, il occupait la fonction de DRH d'une filiale immobilière de la Caisse des dépôts.

**Tea Lucas de Peslöuan.** Titulaire d'un DESS de sciences politiques, elle a en premier lieu collaboré au SID (service d'information du Premier ministre) avant d'être en charge du service de presse du cabinet de trois ministres de l'Environnement. Elle est aujourd'hui directrice de clientèle au sein d'Acyan, cabinet de conseil en prévention, gestion et communication de crise. Elle anime des séminaires sur les conflits et les crises et intervient sur le thème de la communication de crise dans l'enseignement supérieur (Dauphine, La Sorbonne, EDHEC...). Elle est co-auteur de l'ouvrage *Manager les situations difficiles* (Éditions d'Organisation).

**Christophe Rocher.** Diplômé en 1997 de l'EDHEC (École des hautes études commerciales du Nord), il a débuté sa carrière en tant que contrôleur de gestion chez Télédiffusion de France. Il est entré à EDF-GDF en 1998 : depuis 2003, il est chef d'agence clientèle en Savoie où il manage une équipe de 70 personnes. Il est membre du CJD (Centre des jeunes dirigeants).

**Jean-François Six.** Docteur ès lettres, il est président du Centre national de la médiation et directeur de l'Institut de formation à la médiation. Il a écrit divers ouvrages dont *Le Temps des médiateurs* (Seuil), *Dynamique de la médiation* (Desclée de Brouwer) et *Médiation* (Seuil).

**Emmanuelle Tram Than Tam.** Diplômée de l'ESCP (École supérieure de commerce de Paris) et titulaire d'un DEA en marketing et stratégie de Paris-Dauphine, elle a été consultante en communication sensible dans une agence de communication, puis responsable de la mise en place du dispositif de gestion de crise du groupe Danone. En 1997, elle a fondé le cabinet Acyan, spécialisé dans le conseil en prévention, gestion et communication de crise, dont elle est la directrice. Elle est co-auteur de l'ouvrage *Manager les situations difficiles* (Éditions d'Organisation).

**Jean-Pierre Veyrat.** Il est le dirigeant fondateur du cabinet Négorisk, spécialisé en négociation conflictuelle et management de crise. Expert en analyse du comportement observable et en élaboration de profils comportementaux, il intervient comme formateur, entre autres, pour le Groupe d'intervention de la Gendarmerie nationale (GIGN) et le Centre national de formation de police judiciaire. À son catalogue de stages : le profil et les compétences du négociateur de crise et de conflits, le langage des gestes et son impact majeur sur les négociations.

**GROUPE EXPRESS EDITIONS**

Collection **100 conseils de pros**
dirigée par Stéphane Chabenat (L'EXPRESS)
et Olivier Rollot (l'ETUDIANT)

Directrice de collection déléguée : Anne Dhoquois.

Conception graphique : Éliane Degoul,
mise en page : Nathalie Grisoni.

Illustration de couverture : Walter Minus.

Secrétariat de rédaction-maquette :
Françoise Granjon (première secrétaire de rédaction),
Christine Chadirac, Nathalie Grisoni, Brigitte Ourlin.

Fabrication : Sabine Enders.


14, boulevard Poissonnière
75308 Paris cedex 09

Dépôt légal : janvier 2005

Imprimé en France par EMD S.A.S. - N° 13362

ISBN 2-84343-232-4